GRAFIKDESIGN. DAS IDEENBUCH

This book was produced and published in 2016 by Laurence King Publishing Ltd., London.
Titel der Originalausgabe: The Graphic Design Idea Book.

Bibliografische Information der Deutschen Nationalbibliothek
Die Deutsche Nationalbibliothek verzeichnet diese Publikation in der Deutschen Nationalbibliografie; detaillierte bibliografische Daten sind im Internet über http://dnb.d-nb.de abrufbar.

www.stiebner.com

Übersetzung aus dem Englischen:
Christa Trautner-Suder

Satz und Redaktion der deutschen Ausgabe:
Verlags- und Redaktionsbüro München,
www.vrb-muenchen.de

ISBN 978-3-8307-1435-4
Printed in China

GRAFIKDESIGN. DAS IDEENBUCH

INSPIRATION VON 50 MEISTERN

Steven Heller und Gail Anderson

stiebner

INHALT

EINLEITUNG

Großartiges Design entwerfen

Viele Wege führen zu großartigem Grafikdesign. Sie müssen Talent haben, denn das ist die Voraussetzung für jeden Erfolg. Sie brauchen Leidenschaft für alles, was Sie tun. Und ohne Ehrgeiz geht es auch nicht.

Nehmen wir einmal an, Sie verfügen über all das. Was fehlt jetzt noch?

Dazu passt in einem alten Witz die Frage »Wie komme ich in die Carnegie Hall?« Antwort: »Üben, üben, üben!«

War's das jetzt?

Nein, noch nicht ganz!

Neben diesen unerlässlichen persönlichen Stärken braucht es ein solides Wissen über visuelle Ausdrucksmittel, Typografie, räumliche Relationen, Farbenlehre, Nutzer-Interaktion und viele weitere kommunikative Fähigkeiten. Diese gilt es anschließend zu üben und durch einen feinen Instinkt für Design sowie – wichtiger noch – mit Fantasie und Vorstellungsgabe zu filtern. Ein guter Designer arrangiert vorhandene Mittel, um damit Botschaften kreativ zu kommunizieren. Ein großartiger Designer verfügt darüber hinaus auch über die nötige Vorstellungsgabe, um vorhandene Mittel so zu transzendieren, dass Innovation möglich wird.

INITIALEN

Groß, fett, symbolträchtig

Eine Initiale ist so etwas wie der stützende Eckpfeiler eines Bauwerks oder der glanzvolle Auftakt einer Komposition. Aus diesem (Anfangs-)Buchstaben erwächst alles andere, ergibt sich so etwas wie der »Charakter« des gestalterischen Ganzen.

Das Wort »Initiale« (im 18. Jahrhundert als »Initialbuchstabe« bezeugt) geht zurück auf das lateinische Adjektiv *initialis* (»am Anfang stehend«) und bezeichnet in der Regel den großen, manchmal auch durch Farbe und Verzierung hervorgehobenen Anfangsbuchstaben eines Textes. Berühmt sind etwa die reich verzierten und kolorierten Initialen mittelalterlicher Handschriften (Kodizes).

Prinzipiell kann jeder Buchstabe als Initiale verwendet werden, wobei dem O die reinste Geometrie und dem X die stärkste Symbolwirkung zugeschrieben werden. A und Z, die ersten und letzten Buchstaben des Alphabets, wirken besonders kraftvoll, während M und W durch ihre besondere Breite auffallen.

Interessanterweise sind die hier gezeigten Beispiele der 1984 in Charleston, South Carolina, geborenen Illustratorin und Schriftgestalterin Jessica Hische keine Initialen im eigentlichen, oben beschriebenen Sinn, denn sie wurden von ihr zu »Titelhelden« für eine Reihe ehrwürdiger Klassikerausgaben des Verlags Penguin Books erhoben. Ob es sich um Jane Austens *Pride and Prejudice* (deutsch: »Stolz und Vorurteil«), James Joyces *A Portrait of the Artist as a Young Man* (»Ein Porträt des Künstlers als junger Mann«) oder Carlos Ruiz Zafóns *The Shadow of the Wind* (»Der Schatten des Windes«) handelt – in allen Fällen ziert der schön gestaltete erste Buchstabe des Nachnamens des Autors oder der Autorin das Buchcover. Damit spielt Hische zum einen mit der Doppelbedeutung des Wortes (als »Initialen« bezeichnet man auch die Anfangsbuchstaben eines Namens), zum anderen gibt sie damit den Büchern wie der Reihe als Ganzes ein ganz eigenes, sofort wiedererkennbar gestaltetes Gesicht.

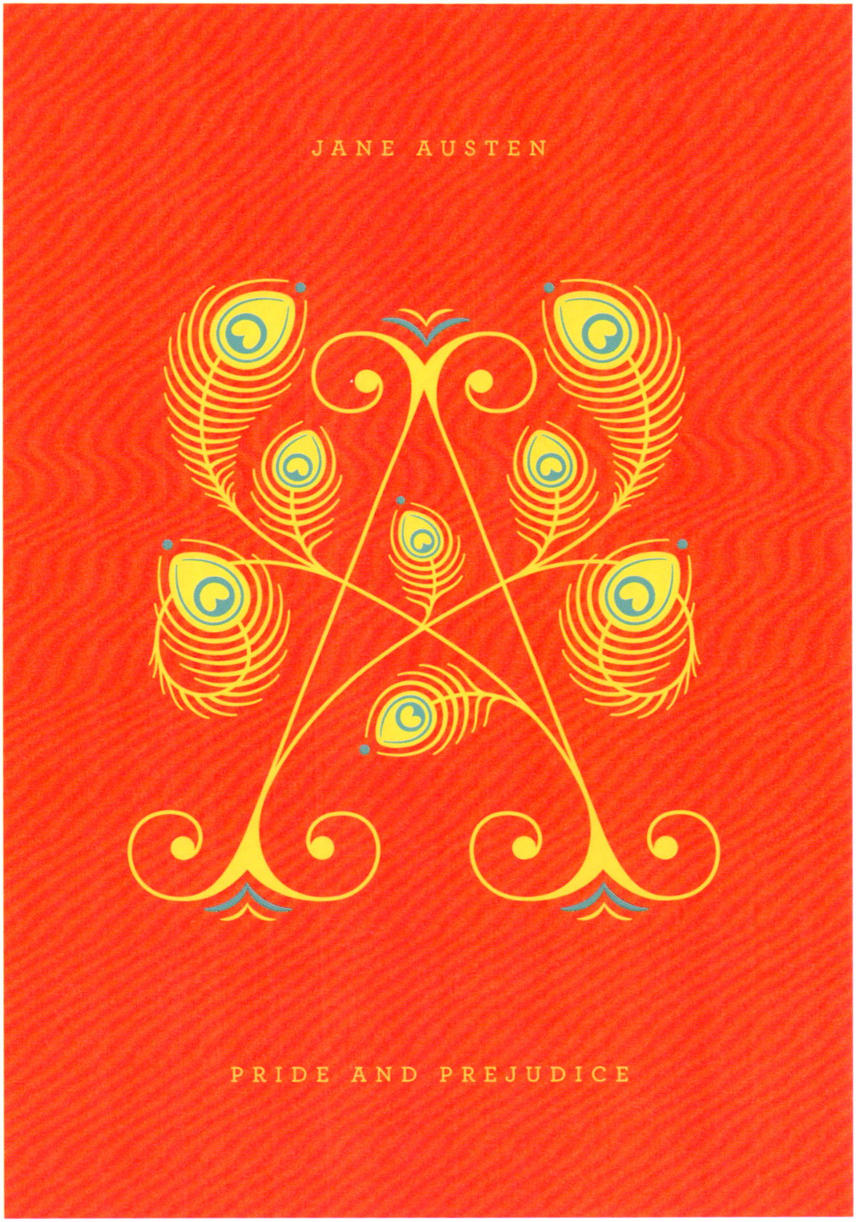

JANE AUSTEN

PRIDE AND PREJUDICE

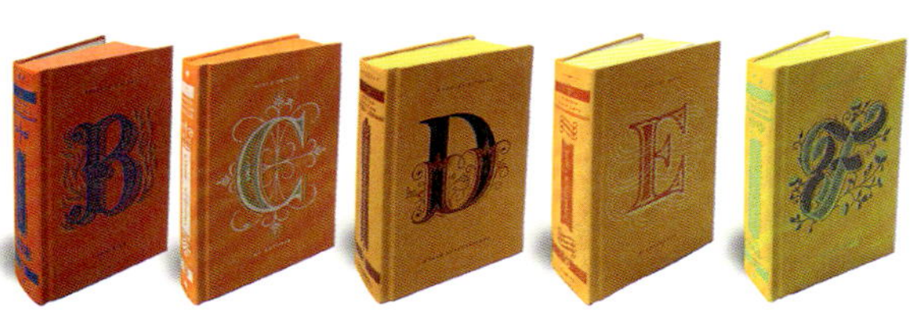

☒ Jessica Hische, 2011
Penguin Drop Caps
Buchcover

Copyright © 1992 by David Pryce-Jones. Illustrations copyright © 1992 by Pierre Le-Tan. All rights reserved. No portion of this book may be reproduced—mechanically, electronically or by any other means, including photocopying without written permission of the publisher. Published simultaneously in Canada by Thomas Allen & Son Limited. Library of Congress Cataloging-in-Publication Data: Pryce-Jones, David, 1936 - You can't be too careful: cautionary tales / by David Pryce-Jones; illustrations by Pierre Le-Tan. p. cm. ISBN 1-56305-156-7 1. American wit and humor. I. Le-Tan, Pierre. II. Title. PN6162.P78 1992 081'.0207-dc20. Workman books are available at special discounts when purchased in bulk for premiums and sales promotions as well as for fundraising or educational use. Special editions or book excerpts can also be created to specifications. For details, contact the Special Sales Director at the address below. Workman Publishing Co., Inc., 708 Broadway, New York, NY 10003. Manufactured in the United States of America. First printing October 1992 10 9 8 7 6 5 4 3 2 1 Design by Louise Fili and Lee Bearson.

Grafikdesign. Das Ideenbuch

FORM UND STRUKTUR

Aus Text wird Bild

»Form« bezieht sich im Grafikdesign auf die visuelle Konfiguration eines Objekts, auf seine Struktur und das Verhältnis zwischen den einzelnen eingesetzten Stilmitteln. Grafikdesigner sind versiert darin, aus den wichtigsten Elementen einer visuellen Idee eine weitere zu gestalten, was – ohne den Designern zu nahe treten zu wollen – in etwa das typografische Äquivalent zu jemandem ist, der aus Luftballons Tierfiguren zaubert.

Allerdings sind den Möglichkeiten beim Luftballonmodellieren durchaus Grenzen gesetzt, während beim strukturellen (Ver-)Formen von Text offenbar alles möglich zu sein scheint. Ein berühmtes Beispiel für den quasi bildhauerischen Umgang mit Text ist das hier zu sehende »Copyright-Design« der 1951 in Orange, New Jersey, geborenen Grafikdesignerin Louise Fili, das zu ihrem Markenzeichen geworden ist.

Copyright-Angaben sind in einem Buch zwar obligatorisch, von den meisten Lesern werden sie jedoch, so sie nicht selbst vom Fach sind, in der Regel schnell überblättert. Filis Entwürfe aber machen aus der Pflicht eine Kür: Sie ordnet die Copyright-Hinweise optisch so an, dass das dabei entstehende typografische Bild einen Bezug zum Inhalt des Buches haben kann – oder doch zumindest als »Hingucker« dient, der den einen oder anderen vielleicht sogar zum Lesen dieser Hinweise verleitet.

Beispielsweise gestaltete sie in einem Buch über Lokale, in denen man in England am besten Tee trinken kann, die Copyright-Hinweise in Form einer dampfenden Teetasse. Bei dem hier zu sehenden Buch *You Can't Be Too Careful: Cautionary Tales for the Impetuous, Curious, and Blithely Oblivious* (»Sie können gar nicht vorsichtig genug sein: Warnende Beispiele für Ungestüme, Neugierige und Unbekümmerte) fasste sie diese Hinweise in die Form eines Grabsteins und setzte damit dem Inhalt des Buches ironisch die Krone auf.

Das Prinzip als solches lässt sich natürlich nicht nur auf die Gestaltung von Copyrightseiten anwenden, sondern ist generell eine gute Möglichkeit für Grafikdesigner, sich geistreich von konventionellen Satzformen abzuheben und den Leser optischen dazu zu verführen, etwas zu lesen, was er sonst vermutlich ignorieren würde.

☒ Louise Fili, 1992
Copyright-Seite für *You Can't Be Too Careful*

BUCHSTABENBILDER
Den Text zum Tanzen bringen

Um die Wende zum 20. Jahrhundert waren veranschaulichende Schriftzüge – Buchstabenbilder – ein weit verbreitetes grafisches Mittel bei der Buchgestaltung. Danach kamen sie immer mal wieder im Mode – und verschwanden wieder. Wer so geschickt damit umgeht wie der russische Maler, Grafiker und Architekt »El« (Eliezer) Lissitzky (1890–1941), kann dieses Mittel zur Kunst erheben. Weniger kreativ eingesetzt, entsteht aber statt Kunst schnell Kitsch.

Der in der russischen Kleinstadt Potschinok geborene El Lissitzky (eigentlich Lazar Markowitsch Lissitzky) gilt als einer der Initiatoren des Konstruktivisimus; einer um 1915 in Russland entstandenen Richtung der modernen Kunst, die sich – getrieben von der Idee absoluter plastischer Harmonie – auf einfache geometrische Formen beschränkte und großen Einfluss auf das deutsche Bauhaus, aber auch auf weitere Stilrichtungen (kinetische und konkrete Kunst sowie Op-Art) hatte. Auch die hier abgebildeten Motive aus Lissitzkys *Die vier Grundrechenarten*, eine 1928 entstandende, anhand von zwölf Originalaquarellen angefertigte Siebdruckserie, entstanden »konstruktiv« – indem der ursprünglich zum Architekten ausgebildete Künstler Elemente aus einem Setzkasten mit Metallziffern zu Figuren und Bildern zusammenfügte. Dabei verwendete er Buchstaben aus dem kyrillischen Alphabet als Körper einer Mannschaft symbolischer, jeder für sich eine eigene Rolle in der Geschichte der sich entwickelnden Sowjetunion übernehmender Wesen. Die Buchstaben CCCP – Abkürzung des russischen Namens für die Union der Sozialistischen Sowjetrepubliken – haben Beine und Köpfe und halten Transparente, während andere Buchstaben triumphierend über einen Hammer und eine Sichel marschieren. Dieser cartoonartige Designansatz quasi mit anabolikaschwangeren Strichmännchen hob sich so geistreich wie positiv von der offiziellen Propaganda ab: Die hier dargestellten »Typen« sind keine Feinde, sondern Freunde.

Lissitzkys kunstvolle, Zeichen, Symbole und Buchstaben narrativ verbindende »Typologie« trägt so eindeutig seine kreative Handschrift, dass man sich davor hüten sollte, sie nachzuahmen. Ihre ideenreiche Qualität sollte als Maßstab für die eigene zeitgemäße Praxis dienen, nicht als Kopiervorlage.

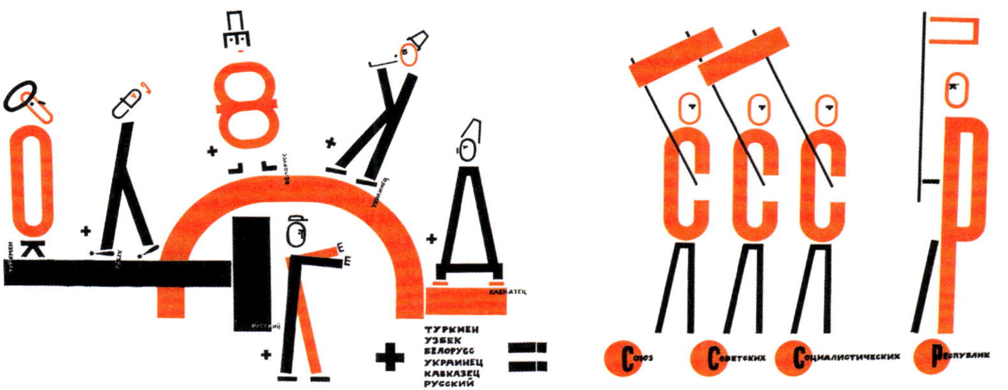

☒ El Lissitzky, 1928
*Die vier Grund-
rechenarten*
Siebdruck

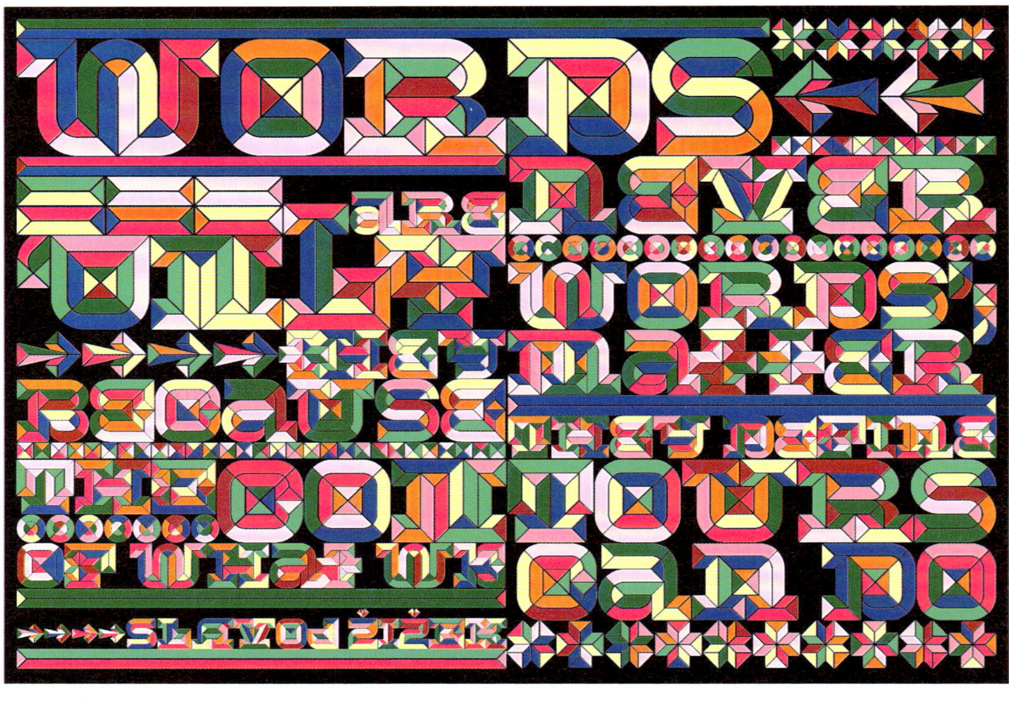

☒ Jonathan Barnbrook und Jonathan Abbott, 2011
Words Are Never Only Words

UNLESERLICHKEIT

Zum Teufel mit der Leserlichkeit

Wenn Leserlichkeit eine Definition für gute Typografie ist, muss Unleserlichkeit ein Zeichen für schlechte Typografie sein. Allerdings gilt es auch hier zu differenzieren: Im Englischen unterscheidet man *legibility* (die Leserlichkeit einer Schrift) von *readability* (der Lesbarkeit eines Buches). Um etwas im Wortsinn entziffern zu können, bedarf es der fließenden Beherrschung gewisser Codes: Es kann nämlich durchaus sein, dass eine Schrift konventionell betrachtet unlesbar (im Sinne von: unverständlich) ist, aber mit dem richtigen Schlüssel betrachtet einen völlig einleuchtenden Sinn ergibt – denken Sie nur an den Stein von Rosette, der heute im British Museum in London aufbewahrt wird und dessen Entschlüsselung maßgeblich zur Entzifferung – Übersetzung – ägyptischer Hieroglyphen beitrug.

Für die in London tätigen britischen Designer Jonathan Barnbrook und Jonathan Abbott kann die »Lesbarkeit« (im Sinne von schneller, bildhafter Erfassbarkeit) wichtiger sein als die Leserlichkeit der von ihnen dafür verwendeten Schrift. Das gilt auch für ihren hier zu sehenden Entwurf, den sie anlässlich des Arabischen Frühlings 2011 gestalteten. Revolutionen, so ihre Argumentation, erfolgen durch Taten, aber verbreitet werden sie in Form von Gedanken und Sprache. Ihre typografische Komposition will zeigen, wie die Kraft der Sprache aus dem Chaos auftaucht. Mit den Worten des Kulturtheoretikers Slavoj Žižek, die in dem Entwurf wiedergegeben werden: »Worte sind ›mehr als nur Worte‹, sie sind wichtig, weil sie umreißen, was wir tun können.«

Wohl niemand wird die von ihnen dafür verwendete Schrift als besonders gut leserlich empfinden. Im Gegenteil: Es macht erst mal einige Mühe, sich den Sinn der Worte zu erschließen. Aus einer gewissen Entfernung bilden die Buchstaben ein Muster; erst bei näherem Hinsehen nehmen sie Gestalt an. Es geht darum, dass der Leser eine verborgene oder verschlüsselte Botschaften enthüllt. Das verlangt von ihm zwar eine gewisse Anstrengung, aber der Vorgang des Entschlüsselns macht den Inhalt für den Leser umso einprägsamer. Vermutlich werden die meisten, die den Text dieser typografischen Komposition erstmal für sich erfassen mussten, diesen eher im Gedächtnis behalten, als wenn sie die Worte in einer mühelos leserlichen Schrift vorgesetzt bekommen hätten.

Die hier angewandte Methode des typografischen Versteckens eignet sich nicht nur für die Vermittlung politischer Botschaften, sondern im Grunde für jedes Thema – und jedes Design.

ZAHLEN

Vom Mehrwert der Ziffern

Zahlen sind wie Buchstaben ein wesentliches Element im Grafikdesign und können ebenso ausdrucksstark sein. Ob als Seitenzahl oder in einer demonstrativen Funktion wie beispielsweise als Kapitel-Opener in einem Buch, als Preis auf einem Supermarktschild oder sogar als Ziffer auf einer Uhr – es lohnt sich immer, zu bedenken, dass die Botschaft um so wirksamer vermittelt wird, je durchdachter das Design der Ziffer ist. In den meisten Sprachen werden üblicherweise arabische Ziffern verwendet – sie sind häufig auch die einzigen erkennbaren typografischen Zeichen in vielen nicht-lateinischen Schriften. Auch römische Ziffern kommen zum Einsatz, allerdings seltener und ohne viele Variationen der Originalform.

Beim Design mit Zahlen gibt es ein paar grundsätzliche Möglichkeiten, die wir hier kurz skizzieren wollen. Zunächst kann man die Zahl als Teil einer typografischen Familie verwenden und prüfen, wie die einzelnen Ziffern mit den Groß- und Kleinbuchstaben zusammenpassen. Dann lassen sich auch Zahlen entwerfen, um damit eine Idee visuell darzustellen (beispielsweise kann eine 1 einen Wolkenkratzer symbolisieren). Die dritte Möglichkeit ist eine stilisierte Form der Gestaltung, um damit eine illustrative Zahlengruppe zu kreieren.

Und dann kann man noch Elemente aus allen drei Kategorien verwenden, wie hier bei diesem Entwurf des Londoner Sawdust Studios geschehen. Die Ziffern 1 bis 9 wurden aus geraden, gekrümmten und konzentrischen schwarzen Linien erstellt und erinnern an ein gestreiftes Band. Das attraktive lineare Motiv und die subtile Dreidimensionalität des Bandes wirken beruhigend und als Hingucker zugleich. Alle Ziffern haben ihren eigenen Charme, aber die 4 ist wohl am reizvollsten, weil sie genau so aussieht wie ein Band, das zufälligerweise zu einer Ziffer geworden ist. Da diese Zahlenreihe speziell auf die Wünsche eines Kunden zugeschnitten wurde, dürfte sie in dieser Form nur begrenzte andere Anwendungsmöglichkeiten haben. Das ihr zugrunde liegende typografische Konzept kann aber auch als Vorbild für ganz andere Designlösungen dienen.

⊠ Sawdust, 2013
Ziffern für die Enzyklopädie der Top-Forschungseinrichtungen der Shanghai Jiao-Tong-Universität

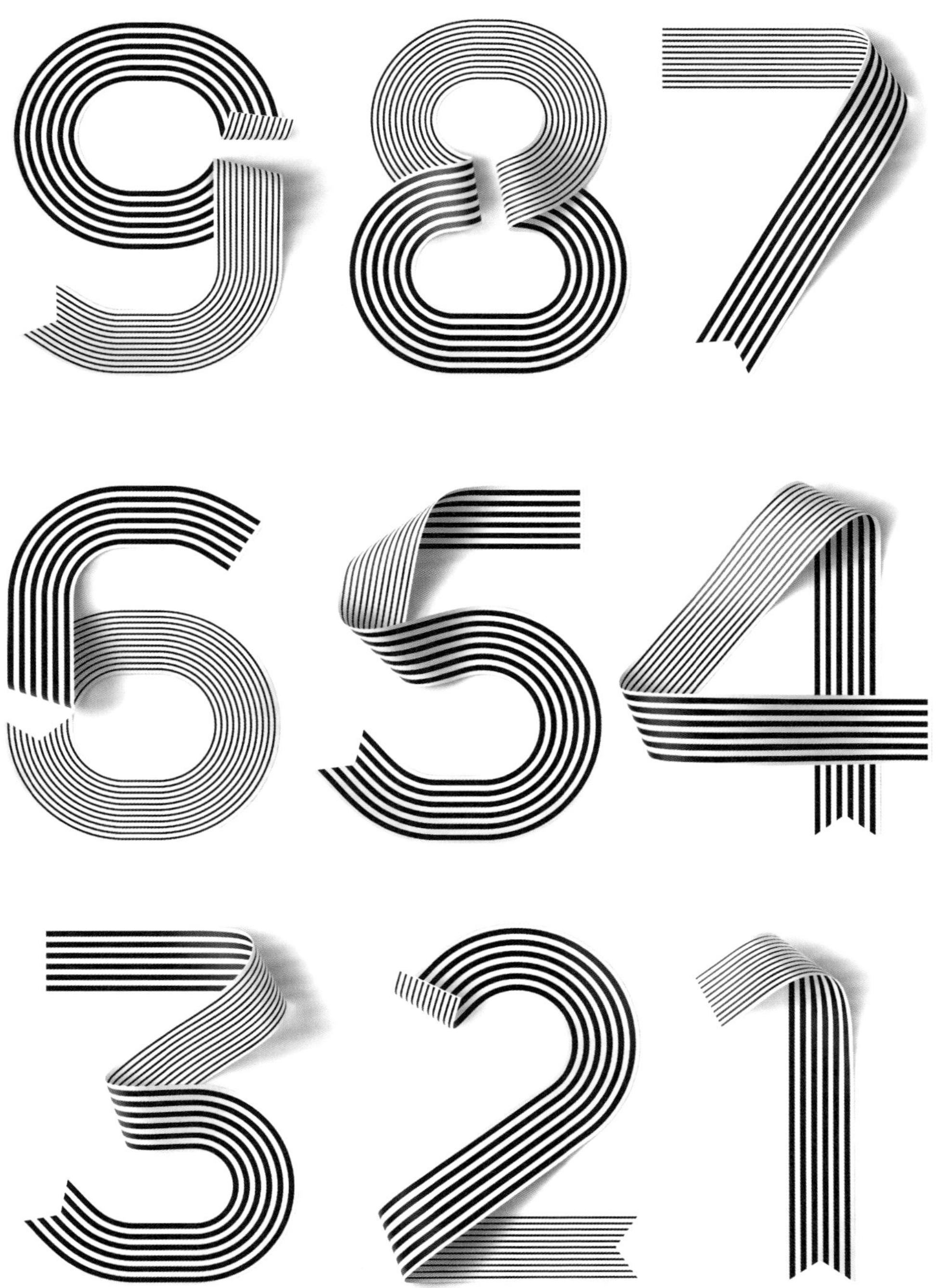

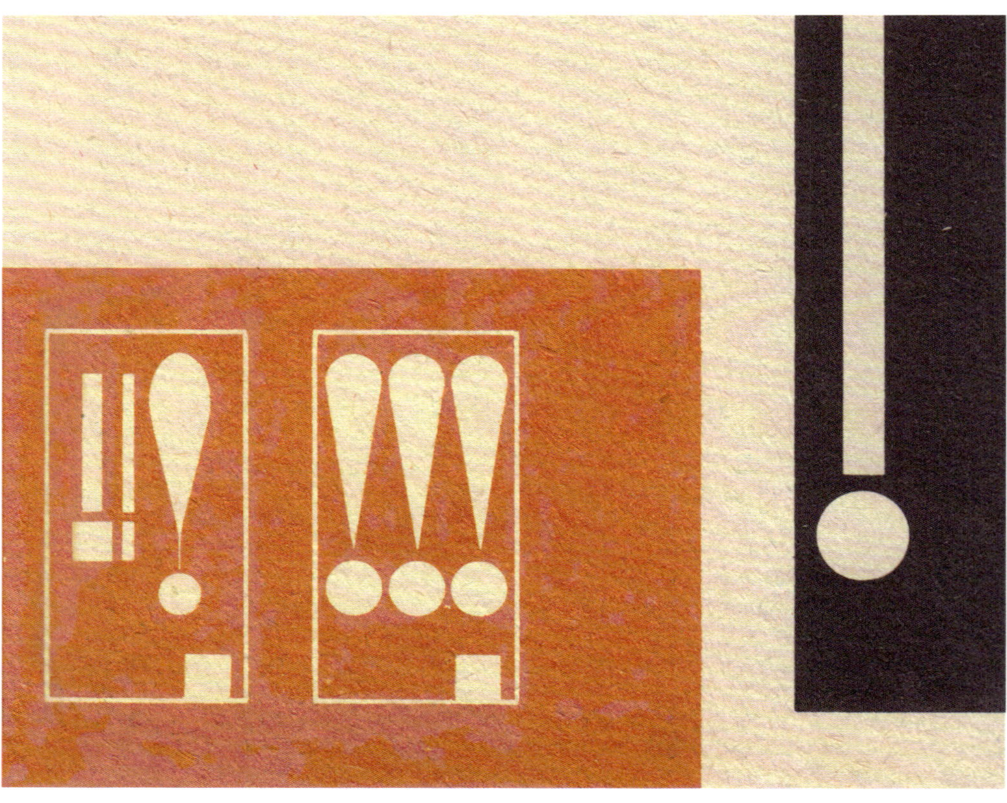

INTERPUNKTIONSZEICHEN

Dekoration und Information

Interpunktionszeichen werden im Grafikdesign zur Rhythmisierung der schriftlichen und visuellen Sprache genutzt – in Form von Betonungen, der Kenntlichmachung von Fragen und für den Einsatz wirkungsvoller Pausen. Für den Leser haben sie die Funktion grafischer »Verkehrszeichen«, die ihm verdeutlichen, wo und wann er verlangsamen, anhalten, weitergehen oder warten soll. Die einfachsten typografischen Interpunktionszeichen können grafisch sogar so eingesetzt werden, dass sie ganz ohne Worte den gewünschten Inhalt vermitteln.

Ein gutes Beispiel dafür ist das Werk des in Pilsen geborenen, vom Konstruktivismus bereinflussten tschechisch-amerikanische Grafikdesigner Ladislav Sutnar (1897–1976). Als er Ende der 1940er-Jahre mit der Verwendung von Interpunktionszeichen begann, setzte er sie zunächst vor allem dazu ein, dass sich der Leser auf nicht illustrierten Textseiten in Büchern und Broschüren besser zurechtzufinden konnte. In den 1950er-Jahren fing er dann damit an, Interpunktionszeichen auch als Bildzeichen in seinen Entwürfen zu verwenden. Darauf vertrauend, dass dem Publikum der Sinn solcher Ausrufe- und Fragezeichen geläufig war, konnte er damit zum einen eine Botschaft andeuten und zum anderen seiner grafischen Gestaltung auch ein schmückendes Element hinzufügen. Letzteres war Sutnar durchaus willkommen, allerdings beharrte er darauf, dass jedes grafische Element in erster Linie einem rationalen Zweck zu dienen habe – der Vermittlung eines redaktionellen Inhalts etwa oder einer Werbebotschaft. Heute ist der Einsatz typografischer Zeichen längst zu einem wesentlichen Element etwa bei der Gestaltung von Apps geworden.

⊠ Ladislav Sutnar, 1958
Addo-X
Werbeanzeige für eine Rechenmaschine

TRANSFORMATION

Die Kunst der angewandten Verwandlung

Designelemente durch Animation von einer Form in eine andere zu transformieren ist eine der vielen Freuden beim Gestalten mit digitalen Tools. Durch kinetische Veränderung oder die sonstige Umgestaltung von Objekten werden abstrakte Begriffe zu konkreten Bildern. Das ist aber noch nicht die bedeutendste Transformation im Grafikdesign – am wichtigsten ist die Verwandlung des Publikums vom passiven Betrachter zum aktiv Beteiligten.

Alle in diesem Buch skizzierten Methoden und Modelle können an einer solchen Transformation Anteil haben. Am überzeugendsten und erfolgreichsten gelingt sie, wenn sie mit einem Überraschungseffekt einhergeht. Dazu muss sich der Designer vielleicht zunächst einmal selbst überraschen. Zwar verlangt gutes Design Planung und Organisation – glückliche Zufallstreffer sind dabei nicht unbedingt vorgesehen. Hier hilft die digitale Animation dem Designer, auch das Unerwartbare, weil nicht vorausplanbare zuzulassen. Digitale Animation ist das technische Hilfsmittel, das Paul Rands »Spiel-Prinzip« in die moderne Neuzeit überträgt – und derzeit für die größten Veränderungen im Grafikdesign sorgt.

Eines der besten Beispiele dafür ist Paula Schers hier abgebildeter Entwurf einer »Logo-Familie« für das Philadelphia Museum of Art. Dabei spielt sie mit dem Wort »Art« in einer Weise, die die Vielfalt der Sammlung symbolisiert, ohne deshalb die Lesbarkeit der Wortmarke als solche zu beeinträchtigen. Der dynamische Wechsel von einem bildsymbolhaften A zum nächsten ermöglicht es dem Museum, so viele verschiedene Identitäten zu zeigen, wie es Kunstwerke besitzt. Die zufällige Anordnung sorgt dafür, dass sich das Logo immer wieder verwandelt und (innerhalb der Grenzen der spezifisch dafür ausgewählten Bilder) überrascht. Zudem kann es für Ausstellungen und Sammlungen modifiziert werden. Das Logo ist »lebendig« und einprägsam zugleich. Ohne digitale Animation wäre ein solcher Entwurf kaum möglich gewesen – ohne eine gut durchdachte Idee als Grundlage dafür aber auch nicht. Oder um es mit den Worten von Paula Scher selbst zu sagen: »Thinking about design is hard, but not thinking about it can be disastrous.«

☒ Paula Scher, 2014
Logoentwurf für das Philadelphia Museum of Art

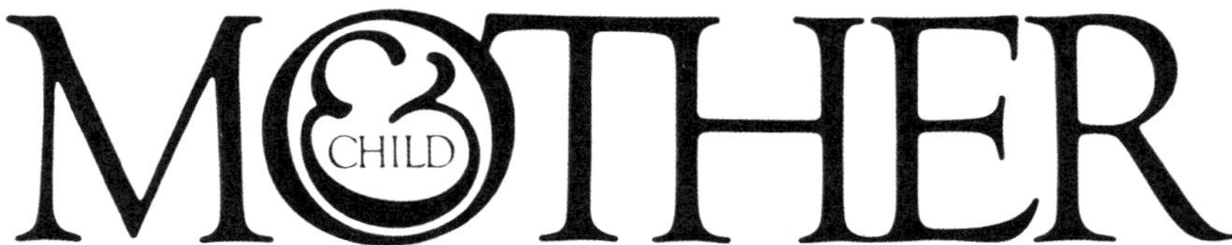
MOTHER
&
CHILD

VISUELLE WORTSPIELE
Doppelte Lottchen

Jeder Designer ist von Haus aus ein Wortspieler. Ein visuelles Wortspiel ist ein Bild mit zwei oder mehr Bedeutungen, die in Kombination eine einzige, prägnante, wenn auch häufig mehrschichtige oder sogar verschlüsselte Botschaft ergeben. Wie ein Bilderrätsel für Kinder nimmt das Verschmelzen von Zeichen und Symbolen, Bildern und Buchstaben im Auge des Betrachters diesen mit auf eine kognitive Reise in das Reich von Darstellung und Interpretation. Das Erkennen eines Wortspiels hat eine mnemonische Wirkung – es ist schwierig, etwas zu ignorieren oder zu vergessen, für dessen Verständnis man eine gewisse Zeit aufwenden musste.

Verbale Wortspiele können manchmal durchaus platt sein, während visuelle Wortspiele ohne feine Nuancen und Raffinesse nicht gelingen. Ein geglücktes Beispiel dafür ist Herb Lubalins und Tom Carnases Logoentwurf von 1965 für die Zeitschrift *Mother and Child.* Anstelle des Wörtchens »und« sitzt ein Et-Zeichen im Buchstaben »o« des Wortes »Mother« und wird sofort mit einem Baby im Uterus assoziiert. Die Komposition ist schnell entschlüsselt, lässt sich als Wort und Bild lesen. Das Design ist funktionell und hat Symbolcharakter – ein zweifacher Treffer, der noch Jahrzehnte nach seiner Entstehung eine visuelle Offenbarung liefert.

Solche visuellen Wortspiele sind entwurftechnisch höchst ökonomisch: Mit einem Minimum an grafischem Aufwand wird eine Idee vermittelt und eine Stimmung hervorgerufen – das Wesentliche eines unvergesslichen Wortspiels, für das man zuerst einmal eine zündende Idee braucht. Oder um es mit den Worten von Neville Brody zu sagen: »Design is more than just a few tricks to the eye. It's a few tricks to the brain.«

Herbert (Herb) Frederick Lubalin (1918–1981), ein gebürtiger New Yorker, war nicht nur ein erfolgreicher Grafikdesigner, sondern auch ein bedeutender Schriftgestalter. Er entwarf u.a. die Schriften Avant Garde und Serif Gothic. 1964 gründete er seine eigene Agentur Lubalin Inc. mit Tom Carnases als einem seiner Partner.

☒ Herb Lubalin and
Tom Carnase, 1965
Mother and Child
Zeitschriftenlogo

ILLUSION(EN)

Sein und Design

Das Erzeugen einer optischen Illusion gehört zum magischen Handwerkszeug, spielte aber auch im Grafikdesign schon immer eine wichtige Rolle. Im digitalen Zeitalter verschwimmen die Grenzen zwischen Sein und Design immer mehr: Ein geübter Grafikdesigner kann (nicht nur) am Bildschirm wahre Wunder vollbringen.

Shigeo Fukuda (1932–2009), Japans Meister des grafischen Illusionismus, gelang es immer wieder, das innere Auge des Betrachters auszutricksen. Da er es für vergnüglicher hielt, ein optisches Rätsel selbst zu lösen, statt sich dessen Auflösung quasi auf dem Tablett servieren zu lassen, hielt er sich mit Auskünften oder gar Erklärungen zu seinen Arbeiten im politischen, gesellschaftlichen und werblichen Bereich gern zurück. Statt dessen forderte er lieber deren Betrachter zur Interpretation heraus.

Ein gutes Beispiel für seine illusionäre Kunst ist dieses Plakat, das Fukuda im Jahr 1975 für eine Ausstellung seiner grafischen Arbeiten im Kaufhaus Keio in Tokio gestaltete. Auf den ersten Blick denkt man eher an ein abstraktes Muster, an eine Klaviatur vielleicht; doch beim genaueren Hinsehen entdeckt man ein überraschendes Wechselspiel männlicher und weiblicher Beine. Ob Fukuda damit nun den sprichwörtlichen Kampf der Geschlechter illustrieren wollte oder was auch immer: Zum Wesen einer optischen Illusion gehört die visuelle Irritation, deren Faszination wesentlich darauf beruht, dass ein Rätsel bleibt. Auch deshalb teilte Fukuda seine eigentliche Botschaft nie direkt, in Worten, mit, sondern inszenierte das Geheimnis(volle) als seinen Verbündeten, um, wie in diesem Fall, Menschen in seine Ausstellung zu locken, wo sie vielleicht eine Antwort fanden, vielleicht aber auch nicht. In jedem Fall ist eine solche grafisch gestaltete optische Illusion eine gute Strategie, um dafür zu sorgen, dass sich das Publikum länger als nur den Bruchteil einer Sekunde mit einer Arbeit beschäftigt. Und dass es ihm dann auch entsprechend länger im Gedächtnis bleibt …

☒ Shigeo Fukuda, 1975
Plakat für seine Ausstellung im Kaufhaus Keio

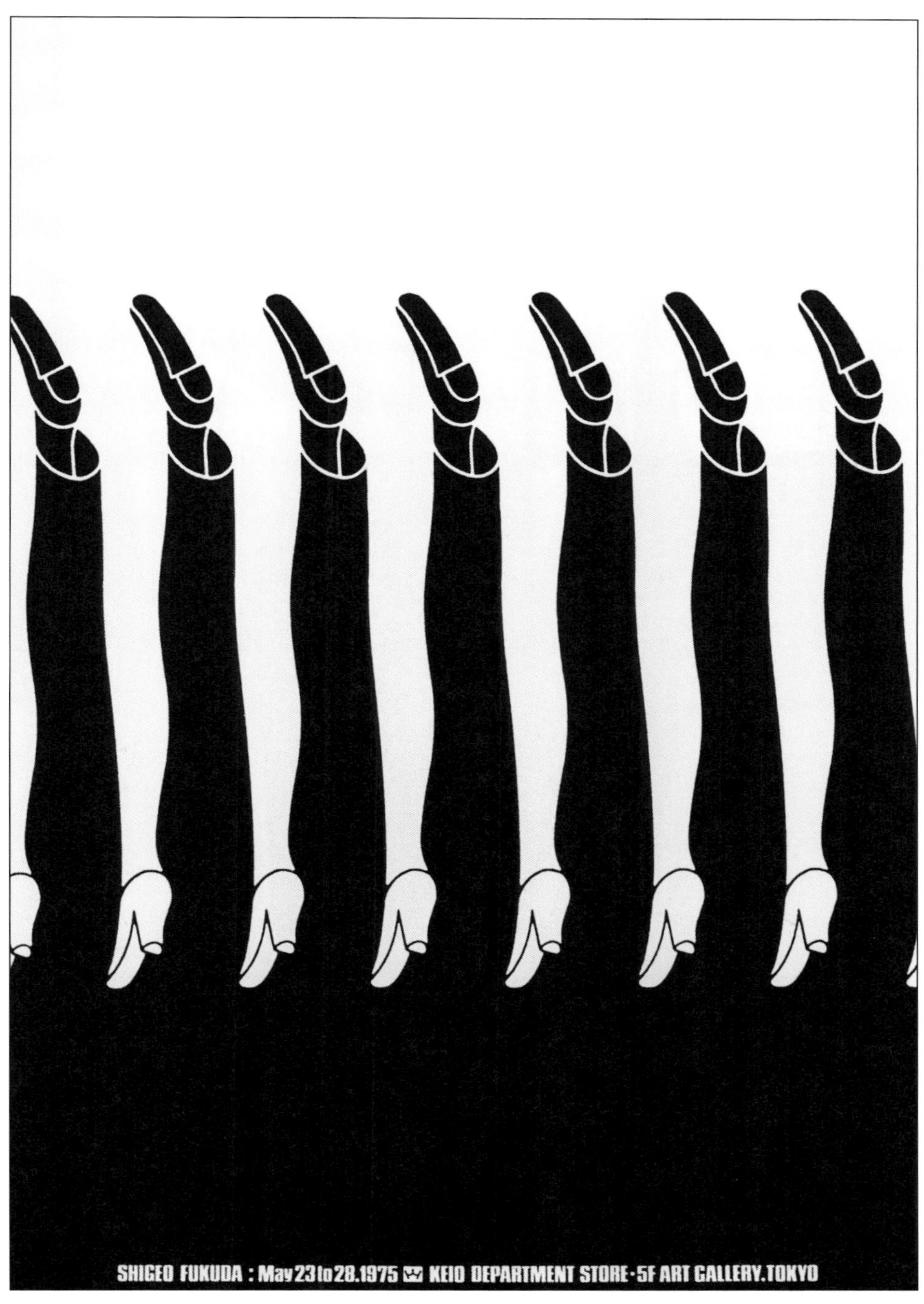
SHIGEO FUKUDA : May 23 to 28.1975 KEIO DEPARTMENT STORE·5F ART GALLERY.TOKYO

TROMPE-L'ŒIL

Wenn der Schein trügt

Zweidimensionale Kunst wirkt weniger dynamisch als dreidimensionale. Deshalb haben schon die alten Griechen und Römer überraschend einfache Wege entwickelt, um eine Illusion von Dreidimensionalität zu erwecken: Mit gemalten Fenstern oder Türen auf leeren Wänden täuschten sie dem Auge eine Perspektive vor, die es in der Realität gar nicht gab. In der Barockzeit mit ihrer Überfülle an dekorativen Elementen trieb man mit dieser »Trompe-l'œil« genannten illusionistischen Malerei (frz. »täusche das Auge«, von *tromper* »täuschen« und *l'œil* »das Auge«) so manchen Spaß: So integrierten einige Künstler sogar genaue Abbildungen von Stubenfliegen in ihre Gemälde, mit denen sie besonders in der Wand- und Deckenmalerei die Optik der Architektur erweiterten, um Räume größer erscheinen zu lassen oder einen Ausblick auf Fantasielandschaften zu geben.

Durch die Erfindung der Spritzpistole in der zweiten Hälfte des 19. Jahrhunderts ließ sich diese Technik noch verbessern. Ursprünglich wurde sie zum Retuschieren und zum Setzen von Glanzlichtern auf Fotos verwendet, aber bald erkannten die Werbegrafiker, dass sich damit realistischer wirkende Bildillusionen erzielen ließen, mit denen sie den durchschnittlichen Betrachter in die Irre leiten und dabei auch gleich die Aufmerksamkeit auf die gewünschte Werbebotschaft lenken konnten.

Im großen Maßstab ausgeführt, ist der Effekt umso verblüffender. Das zeigt auch dieses Beispiel des Londoner Grafikdesigners Alan Fletcher (1931–2006). Im Jahr 1962 ließ er durch die Hauptstadt des Vereinigten Königreichs Busse fahren, auf denen er seine Werbung so unter den Fenstern anbringen ließ, dass es von außen so aussah, als säßen die Fahrgäste auf seinem Anzeigentext.

Diese Kampagne war ein großer Erfolg. Die meisten Fahrgäste wollten an diesen Fensterplätzen sitzen und damit ein Teil der Werbeinszenierung werden. Hätte es damals bereits Instagram gegeben – man mag sich kaum vorstellen, welche Bilderflut dadurch ausgelöst worden wäre!

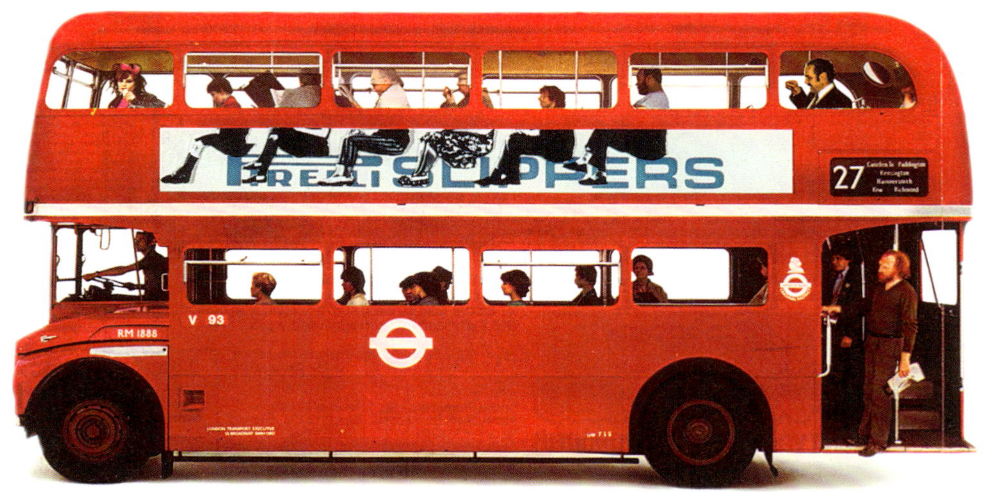

☒ Alan Fletcher, 1962
Buswerbung für
Pirelli Slippers

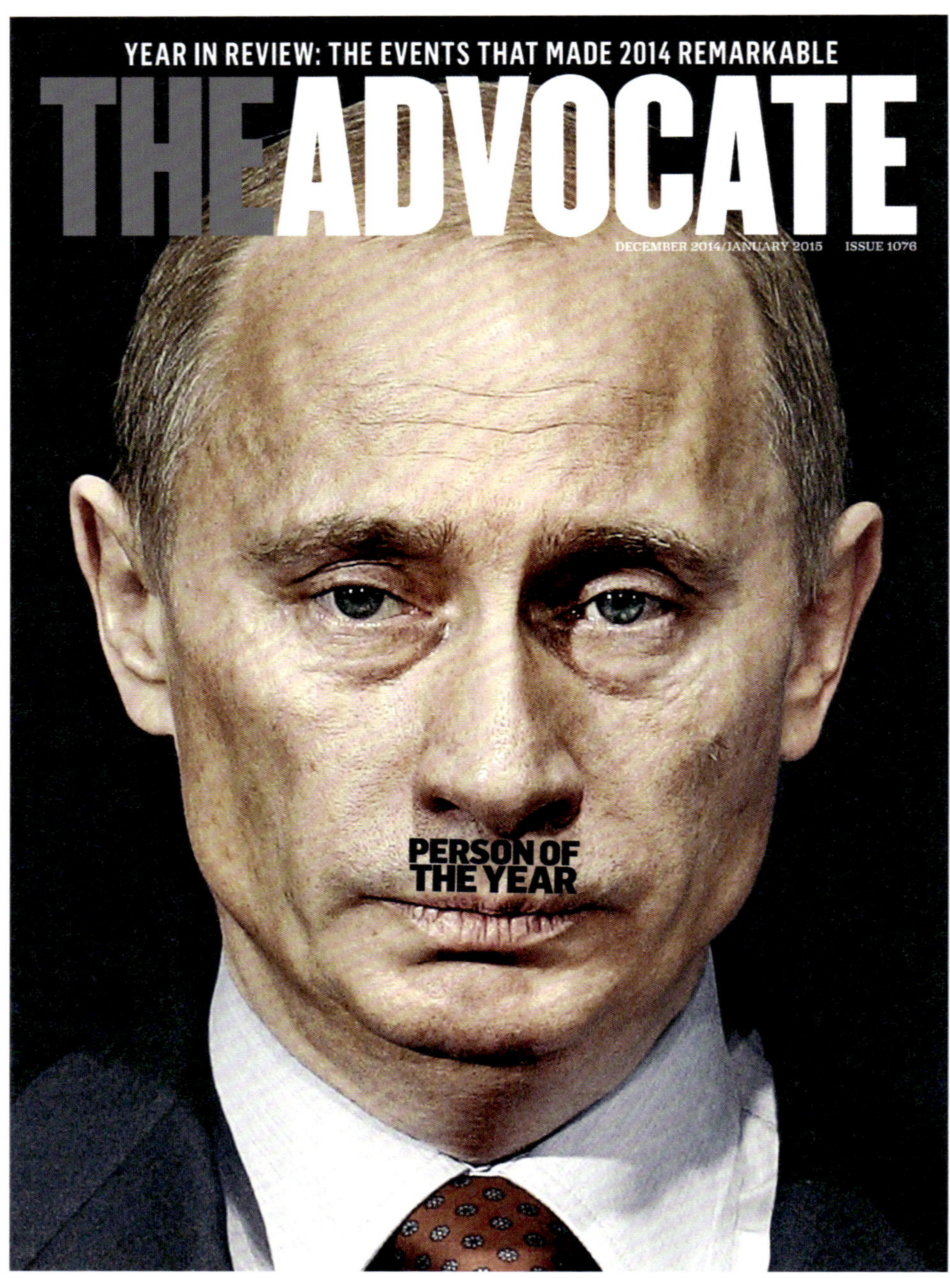

☒ David Gray, 2014
The Advocate
Magazintitel

IRONIE

Es ist, was es ist. Oder nicht?

»Definieren Sie Ironie!« – Das ist doch ganz einfach, denkt Wynona Ryder in der Rolle der Lelaina Pierce, als ihr in dem Film *Reality Bites* (dt. »Voll das Leben«) diese Frage in einem Bewerbungsgespräch gestellt wird. Aber dann fällt ihr doch keine Antwort ein. Erst Ethan Hawke in der Rolle des Troy Dyer wird ihr später die Antwort nachliefern, kurz und trocken, wie es seine unnachahmliche, Lelaina aber manchmal auch zur Raserei bringende Art ist: »Ironie ist der Unterschied zwischen wörtlicher und wirklicher Bedeutung.«

In der Tat, besser kann man es kaum ausdrücken – höchstens noch hinzufügen, dass das, was hier für den Unterschied zwischen wörtlicher und wirklicher Bedeutung gesagt wird, im Grafikdesign naturgemäß auch für den Unterschied zwischen einem Bildeindruck und seiner wirklichen Bedeutung gelten kann.

Ein gutes Beispiel dafür ist diese bitterböse Covergestaltung der Zeitschrift *The Advocate*, ein Werk des in Brooklyn lebenden Grafikdesigners David Gray, bei dem sich im Grunde jeder Kommentar erübrigt. Denn wie die Pointe eines guten Witzes dadurch zunichte gemacht wird, dass man sie »erklärt«, geht auch jede Ironie flöten, wenn man sie durch eine »Erklärung« entzaubert.

Wissen sollte man aber vielleicht, dass sich *The Advocate* selbst als »The world's leading LGBT news source« versteht und für die Interessen von Lesben, Schwulen (Gays), Bisexuellen sowie Transgender-People engagiert. Und wenn der russische Staatspräsident, wie im Jahr 2013 geschehen, ein heftig umstrittenes Anti-Homosexuellengesetz unterzeichnet, dann wird er sich diese »Auszeichnung« als »Person of the Year« wohl gefallen lassen müssen.

Natürlich hätte die Zeitschrift auch Hilary Clinton küren können, von der es so schöne Zitate gibt wie dieses: »Being LGBT does not make you less human. And that is why gay rights are human rights. And human rights are gay rights.« Alles so weit höchst politisch korrekt und wahrlich einer Auszeichnung als »Person of the year« würdig. Nur dass das dann halt keine Ironie gewesen wäre ...

#3
Medien und Methoden erkunden

UNSCHÄRFE

Ein Drama in zwei Dimensionen

Unschärfe wird in der Fotografie oft als Fehler gebrandmarkt, ist aber ein wichtiges Element in der Modernen Kunst und wird auch im Grafikdesign oft virtuos eingesetzt. So lässt sich zum Beispiel ein verschleierter Eindruck erzielen, der den Betrachter neugierig auf das darunter verborgene Etwas macht. Unschärfe ist zudem ein erprobtes Mittel, wenn es darum geht, ein statisches Objekt oder eine statische Gestalt, auch Buchstaben und Beschriftungen beispielsweise, kinetisch (bewegt) wirken zu lassen ...

Am besten wirkt Unschärfe immer dann, wenn auf den ersten Blick klar wird, dass es sich hier um ein bewusst und planvoll eingesetztes Stilmittel handelt, nicht etwa um technisches Unvermögen. (Tatsächlich kann man auch eine zufällig entstandene Unschärfe wirkungsvoll in seine Arbeit zu integrieren, aber das verlangt ein besonderes Geschick.)

In diesem Fall dürfte wohl niemand daran zweifeln, dass es sich um ein bewusst eingesetztes Stilmittel handelt: *The Nonexisting Nothing* ist eine 2007 entstandene Arbeit des 1966 in Hamm geborenen, in Berlin lebenden und dort sein Studio habenden sowie an der Universität der Künste unterrichtenden Grafikdesigners Fons Hickmann. Anlass dafür war eine Ausstellung in Malaysia mit dem Titel *Man and God*, als konzeptioneller Ausgangspunkt diente das legendäre Turiner Grabtuch, das viele Gläubige als jenes Leinentuch verehren, in dem Jesus von Nazareth nach der Kreuzigung begraben worden sein soll.

In einem Interview, das Hickmann den beiden Kommunikationsdesignerinnen Katja M. Becker und Stephanie Podobinski für ihr Buch *Young German Design. Fresh Ideas in Graphic Design* gab, erläuterte er auch seine Arbeitsphilosophie als Grafikdesigner: »Für mich ist jedes neue Projekt wie eine unentdeckte Insel. Ich weiß nicht, was sich auf ihr verbirgt und was es dort zu entdecken gibt. Auf der Insel finde ich das Material, die Zutaten und die Ideen, aus ihnen setze ich die Konzeption zusammen. Jede Insel hat ihre Eigenarten und ihre individuellen Bestandteile, dementsprechend muss auch der Umgang individuell sein. Kein Projekt ist wie ein anderes, und so ist es nur konsequent, dass jedes Projekt sein unverwechselbares Gesicht erhält.«

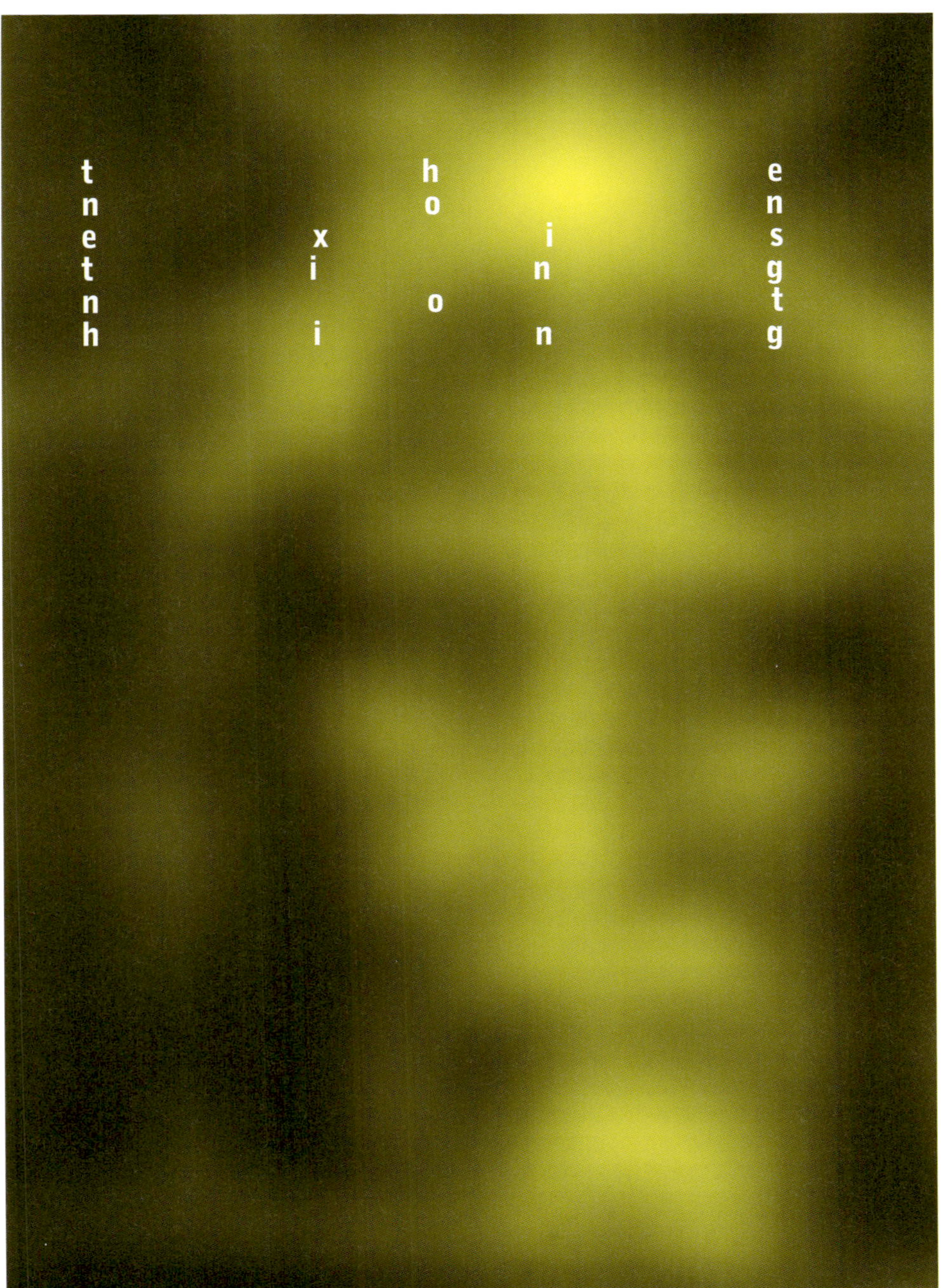

☒ Fons Hickmann, 2007
The Nonexisting Nothing

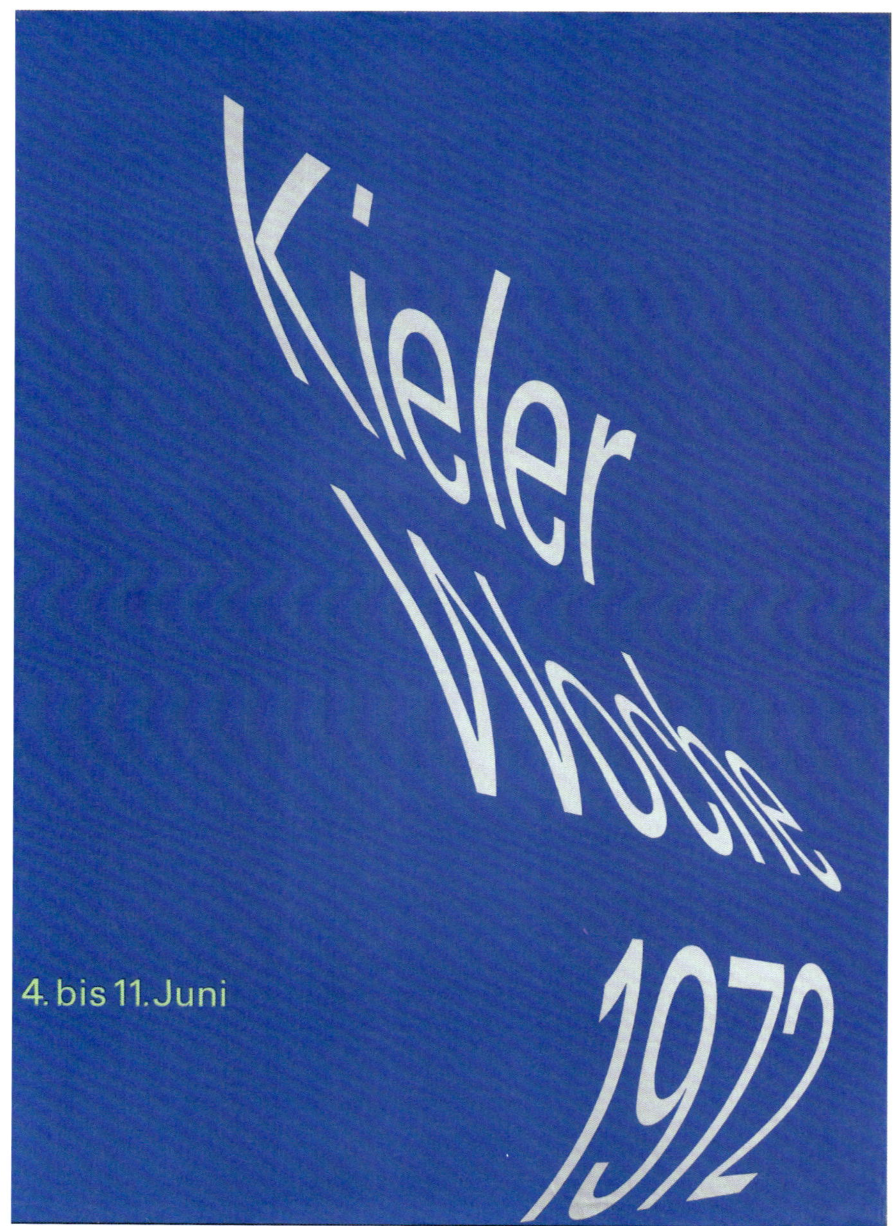

☒ Rolf Müller, 1972
Kieler Woche
Plakat

VERZERRT

Ganz schön schräg

Bevor der Computer eine breite Palette problemlos realisierbarer Verzerrungseffekte möglich machte, manipulierten Designer Buchstaben und Bilder durch verschiedene zeitaufwendige manuelle Verfahren. So setzte der französische Buchdesigner Robert Massin (siehe die Seiten 110/111) im Jahr 1964 alle Dialogtexte seiner grafischen Interpretation eines Theaterstücks von Eugène Ionesco, *Die kahle Sängerin*, schräg, indem er sie auf Gummiunterlagen druckte, in die gewünschte Richtung drehte und abfotografierte. Mit der Einführung des Fotosatzgeräts VGCPhoto Typositor in den 1960er-Jahren wurde es später möglich, eine Schrift radikal zu verdichten oder in die Länge und Breite zu ziehen.

Eines der besten Beispiele für diese Technik ist das hier abgebildete Plakat, das Rolf Müller (1940–2015) im Jahr 1972 für die Kieler Woche gestaltete. Durch wenige, gewellt gesetzte Wörter und Zahlen, die an Segel denken lassen, die vor einem blauen Himmel im Wind wehen, kündigt der vor allem durch seine visuelle Gestaltung der Olympischen Spiele 1972 bis weit über die Fachgrenzen berühmte, in Dortmund gebürtige Grafikdesigner die alljährlich im Norden Deutschlands stattfindende Segelregatta an – und kommt auf diese Weise ganz ohne die Abbildung der bis dahin auf jedem Plakat üblichen Boote und Segel aus.

Typografische Verzerrung kann die Wahrnehmung verändern und den Betrachter manchmal sogar, im Wortsinn, aus dem Gleichgewicht bringen. Müllers Design aber erschüttert die Wahrnehmung nicht, wirkt in seiner Schlichtheit geradezu beruhigend. Allerdings erfordert die richtige Umsetzung dieser Technik einige Geduld: Es ist nämlich gar nicht so einfach, wie es aussieht, durch eine typografische Verzerrung die perfekte Illusion eines gebauschten Segels zu erwecken. Dabei kommt es auf die feinsten Nuancen an – schon eine geringfügig falsche Verzerrung oder Verdichtung könnte das gesamte Konzept ruinieren.

MEHRSCHICHTIG

Ein Bild aus vielen Bildern

Mehrschichtigkeit ist ein typisches Merkmal im modernen Grafikdesign und taucht in den Werken vieler Designer seit den 1930er-Jahren bis hinein in die 1950er-Jahre auf. Es stützt sich auf Fotocollagen und das Montieren verschiedener Bilder in unterschiedlichem Maßstab, um dadurch einen dramatischen Effekt zu erzielen. Häufig werden die Bilder durch kompakte oder transparente Farben verziert, wobei ein Bild entweder mit Farbe übermalt oder von einem anderen durch Farbe getrennt werden kann. Dieser modernistische Ansatz wird bis heute von Grafikdesignern wirkungsvoll genutzt – und zwar nicht nur als nostalgische Referenz.

Lester Beall (1903–1969), eine Schlüsselfigur im Grafikdesign Amerikas, war durch das Bauhaus in Europa beeinflusst und besonders fasziniert von den – ohne Kamera direkt auf lichtempfindliche Materialien wie Film oder Fotopapier belichteten – Fotogrammen László Moholy-Nagys. Dessen Plakate aus den 1930er- und 1940er-Jahren sind bekannt für ihre konzeptionelle Bildsprache, bei der er Motive aus einer breiten Palette von Fotografien, Illustrationen und Stichen auswählte und mit Farbflächen sowie fett gedruckter Schrift kombinierte.

Ein gutes Beispiel dafür ist Lester Bealls Titelblatt von 1948 für *Scope*, der Hauszeitschrift der pharmazeutischen Firma Upjohn. Was bei dieser Komposition Aufsehen erregt, ist die geöffnete Hand mit den Bakterien, die im Vergrößerungsglas zu sehen sind. Durch die Kombination mit der rauchenden Frau in Schwarz-Weiß, die sich von einer dreifarbigen Fläche abhebt, kommt Dynamik in die Gestaltung. Um alle einzelnen Elemente zu einem gelungenen Ganzen zusammenzufügen braucht es über die handwerkliche Präzision hinaus auch künstlerisches Gespür – kein Wunder, dass Lester Bealls Poster heute u.a. auch im Museum of Modern Art in New York gezeigt werden.

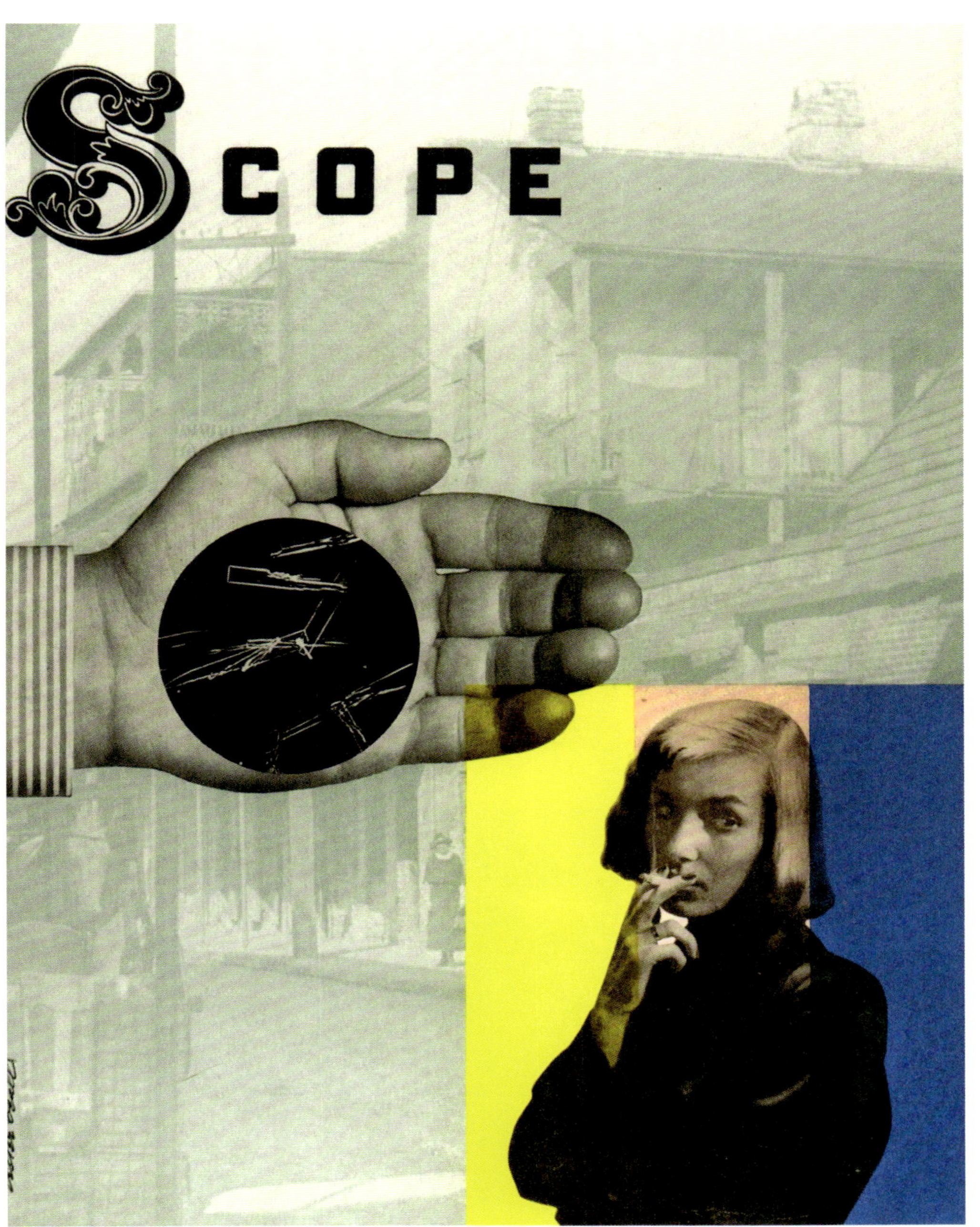

☒ Lester Beall, 1948
Scope
Hauszeitschriften-Cover

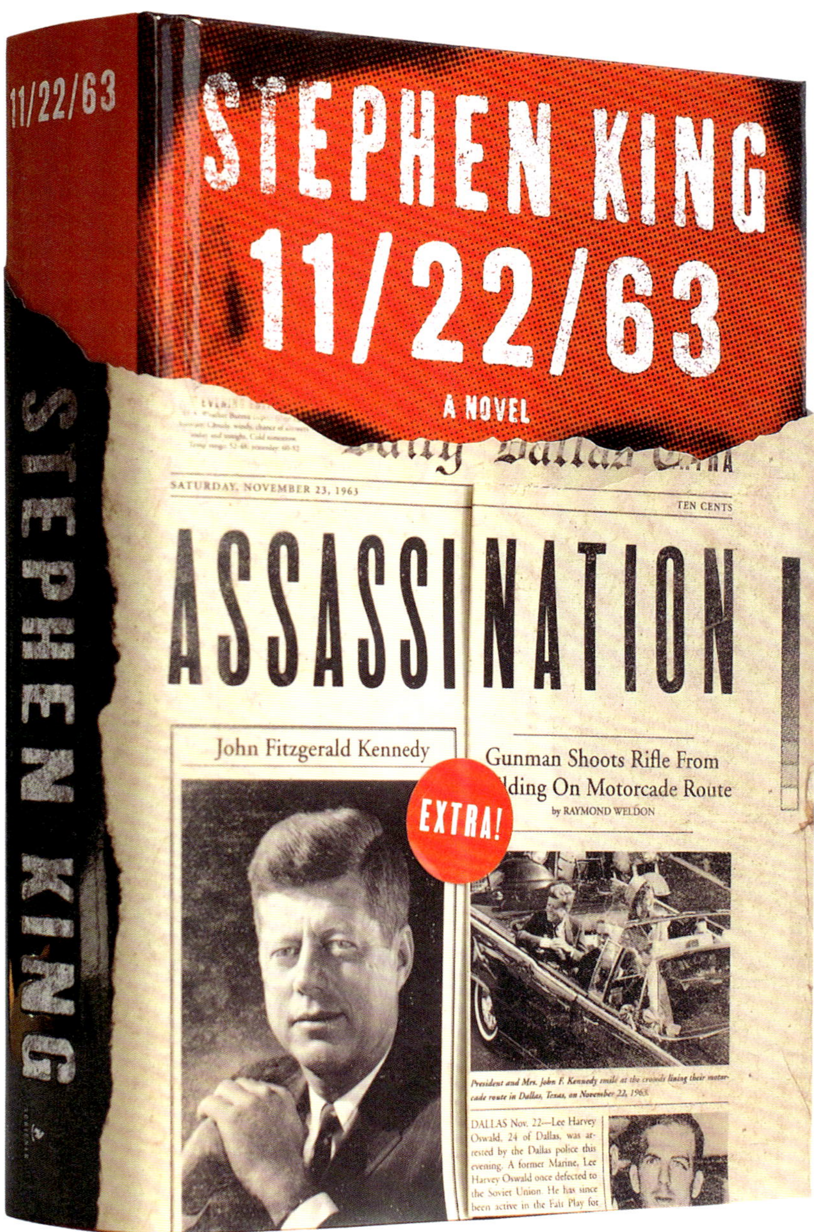
11/22/63
STEPHEN KING
STEPHEN KING
11/22/63
A NOVEL
SATURDAY, NOVEMBER 23, 1963
TEN CENTS
ASSASSINATION
John Fitzgerald Kennedy
Gunman Shoots Rifle From
lding On Motorcade Route
by RAYMOND WELDON
EXTRA!
President and Mrs. John F. Kennedy smile at the crowds lining their motorcade route in Dallas, Texas, on November 22, 1963.
DALLAS Nov. 22—Lee Harvey Oswald, 24 of Dallas, was arrested by the Dallas police this evening. A former Marine, Lee Harvey Oswald once defected to the Soviet Union. He has since been active in the Fair Play for

IM ZEICHEN DER ZEIT(EN)

Aus neu mach alt, aus alt mach neu

Einem bestimmten Motiv einen etwas ältlichen Anstrich zu geben, ist eine gängige Praxis beispielsweise bei Buch-Covern oder bei Etiketten für Lebensmittel und Getränke. Damit soll dem Produkt eine gewisse Gediegenheit verliehen werden. Für den Gestalter kommt es dabei darauf an, die richtige Balance zu finden zwischen alt (im Sinne von altbewährt) und veraltet (im Sinne von gestrig, überholt).

Blickt man auf den Schutzumschlag, den der US-amerikanische Grafikdesigner Rex Bonomelli für Stephen Kings im Jahr 2011 erschienenen Roman *11/22/63* (dt. 2012: *Der Anschlag*) gestaltete, denkt man zunächst nicht gleich an eine aktuelle Novität. Bonomelli, der ab 1995 in New York als Freelancer für diverse Verlage arbeitete, ehe er Art Director der *New York Times Book Review* wurde, verwendete eine stilisierte Zeitung als Schutzumschlag, der im oberen Teil buchstäblich zerrissen ist, um den darunter auf das Buch selbst gedruckten Titel sichtbar zu machen. Mit dem vergilbt anmutenden Zeitungsmotiv bereitet er den Leser atmosphärisch auf den Inhalt des Buches vor: Der 22. November 1963 ist das Datum des tödlichen Anschlags auf John F. Kennedy, und in Kings Buch geht es um einen Zeitreisenden, der eben diesen Anschlag auf den 35. Präseidenten der Vereinigten Staaten zu verhindern versucht.

Bonomellis Gestaltung unterscheidet sich stark von jener, die man von anderen Romanen Stephen Kings kennt. Wichtig daran ist, dass es sich nicht bloß um einen grafischen »Gag« handelt, sondern um eine perfekte Umsetzung der in diesem Roman heraufbeschworenen Zeit.

Man beachte auch den »Extra!«-Button auf dem Zeitungsmotiv: Im gleichen Rot angelegt wie der Bucheinband, wird hier zwischen »außen« und »innen« eine optische Verbindung hergestellt, von alt zu neu sozusagen – ein perfekter Link zum Zeitreisethema des Buchinhaltes.

☒ Rex Bonomelli, 2011
11/22/63
Schutzumschlag- und Einbandgestaltung

COLLAGEN

Messer, Gabel, Schere, Licht

Papier zu zerschneiden, um daraus Bilder zusammenzukleben, lernen die meisten schon im Kindergarten. Nach demselben Prinzip arbeitet man auch in Kunst und Design, nur dass moderne Collagen selten mit Schere und Kleber erstellt werden. Stattdessen folgt man auf dem Computerbildschirm einem Beschneidungspfad und verschiebt die einzelnen Teile mittels Maus oder Eingabestift.

Braque und Picasso waren die ersten, die um 1910/1911 das »Klebebild« (franz. *colle*: Leim) in die moderne Kunst einführten, weil es (der flächigen Bildordnung im Kubismus entsprechend) für ihre Zwecke besonders gut geeignet war. Dadaisten und Surrealisten erzielten später mit dieser (nicht nur auf Papier, sondern auch auf andere Materialien wie Stoffreste, Furniere, Fotoschnipsel anwendbaren) Technik im feinen Spiel des Zufalls teils absurde Kombinationen und immer wieder neu überraschende Effekte.

Im Grafikdesign war es der bereits mehrfach in diesem Buch erwähnte Paul Rand, der mit Papier und Kleber sowie einem größeren Vorrat an Papierschnipseln, Fotos und Zeitschriftenausschnitten arbeite, um damit zu ebenso ansprechenden wie teils verblüffenden Ergebnissen zu kommen.

Improvisationsbereitschaft, handwerkliches Geschick und Augenmaß – all das ist für eine gute Collage unerlässlich. Nur einem echten Meister aber kann es gelingen, disparate Materialien so zusammenzufügen, dass sich ein Ganzes ergibt, in dem man die individuelle Handschrift des gestaltenden Künstlers erkennt.

Dabei hatte Paul Rand selbst offenbar von der Collage als Kunstform gar keine so hohe Meinung. Er betrachtete sie eher als etwas, mit dem sich schnell Eindruck schinden ließ: »If you want to say something quickly, collage is a very good method, and stylistically it's always terrific, even if you're a lousy designer.«

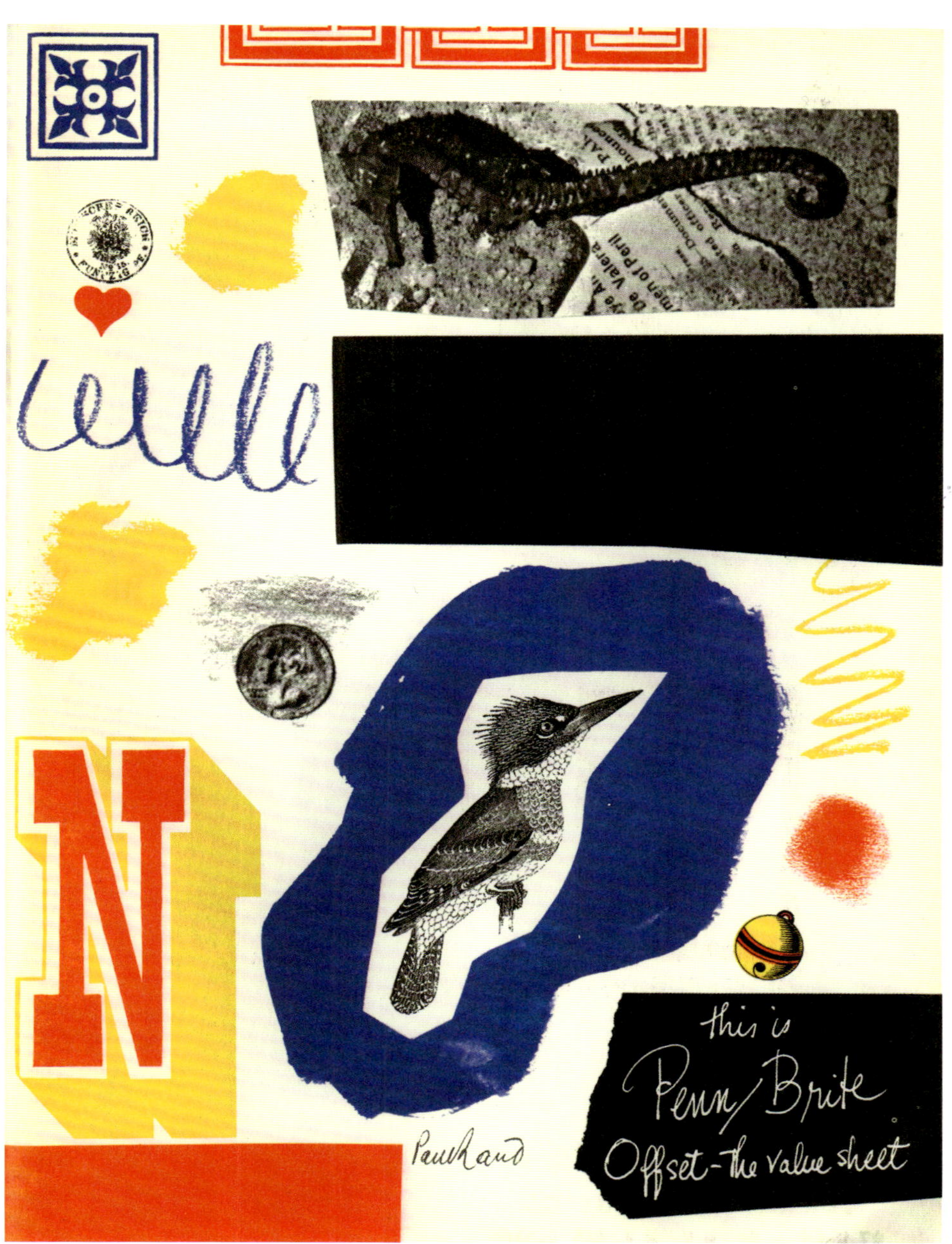

☒ Paul Rand, 1960
Werbung für die New York and Pennsylvania Paper Company

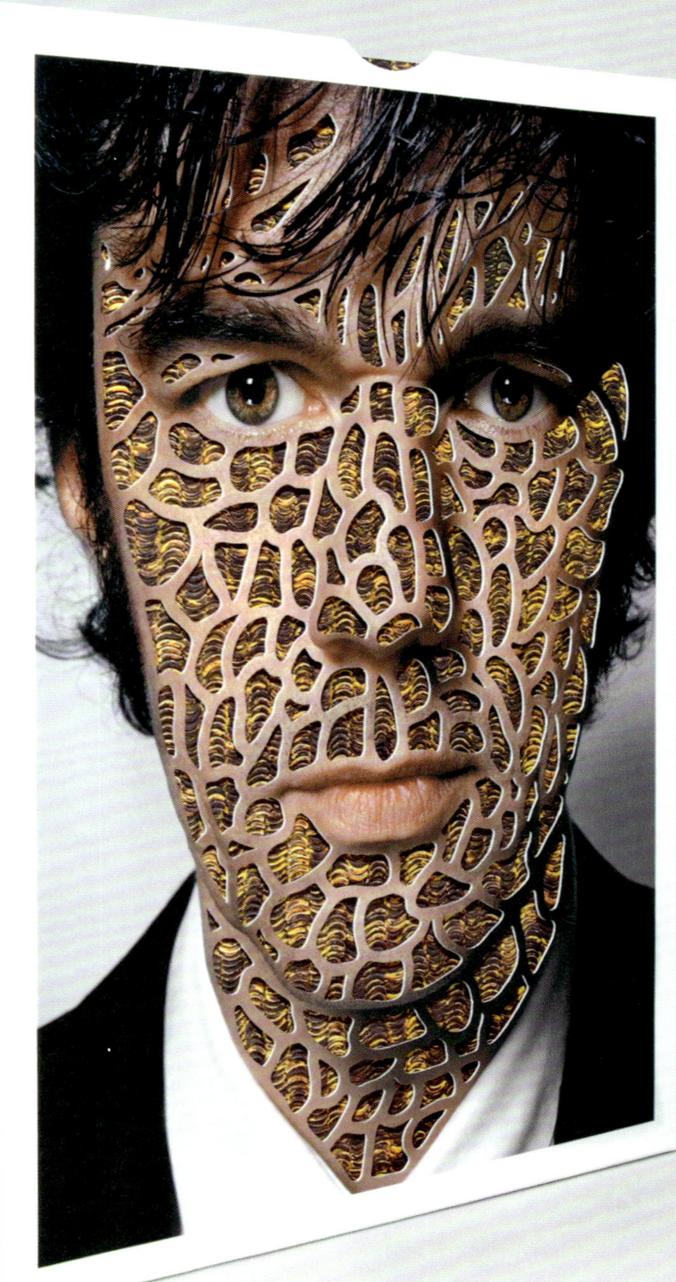
ABRAMS
THINGS I HAVE LEARNED
UPDATED EDITION

PAPER ART
Spezialeffekte im digitalen Zeitalter

Der im Jahr 1962 im österreichischen Bregenz geborene, nach Stationen in Wien und Hongkong in New York City lebende und arbeitende Grafikdesigner Stefan Sagmeister, heute einer der Innovativsten seiner Zunft, hat eine klare Haltung in Sachen Design und/ oder Kunst: »Design muss funktionieren. Kunst nicht.«

Dass aber auch seine Kunst als Design »funktioniert«, belegt die eindrucksvolle Karriere Sagmeisters, der zunächst Ingenieurswesen studierte, ehe er mit einem Fulbright-Stipendium ans Pratt Institute nach New York ging. Sagmeister arbeitete für die Rolling Stones genauso wie für das Guggenheim Museum, seine mit vielen internationalen Preisen bedachten Arbeiten waren in Ausstellungen von Berlin bis Tokio und darüber hinaus zu sehen. 2009 erhielt er den Lucky Strike Designer Award: Mit 50000 Euro Preisgeld ist dies der am höchsten dotierte Designerpreis in Europa – noch höher aber ist das Renomee dieser seit 1991 jährlich von der Raymond Loewy Foundation vergebenen Auszeichnung, mit der vor ihm bereits so unterschiedliche Kreative wie der Modeschöpfer Karl Lagerfeld, der Kameramann Michael Ballhaus und der Koch Ferran Adria geehrt wurden.

Kreativität beweist sich in jedem Medium, besonders kreativ aber ist Sagmeisters Umgang mit *dem* klassischen Medium des Grafikdesigns, dem Papier. Dabei bietet sich eine breite Palette von Möglichkeiten – von Trennblättern bis zu Pop-ups, von Beiheftern bis zu Prägungen und Gestanztem. Und man sollte – im Vergleich mit den digitalen Medien – den Wert der taktilen Wahrnehmung nicht unterschätzen. Papier mag nicht ganz die gleiche Strahlkraft haben wie eine Bildschirmdarstellung, aber es ist fließend und greifbar, leicht in überraschende Formen und Formate zu bringen, zu wandeln und zu verändern.

Stefan Sagmeisters hier zu sehende Monographie *Things I Have Learned In My Life So Far* steckt in einem Schuber, auf dem eine Abbildung von Sagmeisters Gesicht in einem lasergeschnittenen Spitzenmuster zu sehen ist. Die Monografie selbst gliedert sich in 15 einzeln herausnehmbare, mit unterschiedlichen Covers gestalteten Booklets. Je nachdem, welches davon gerade hinter dem Lochmuster des Schubers zu sehen ist, ergibt sich beim Betrachten desselben ein anderer Eindruck. Solche kreativen Spielereien liebt Sagmeister, dem die Jury in ihrer Begründung zur Verleihung des Lucky Strike Design Awards eine überraschende Ästhetik attestierte, mit der er sich von der grafischen Massenproduktion abhebe: »Produkte der Alltagskultur wie etwa Werbeplakate, CD-Cover, Zeitschriftentitel oder Bücher macht Stefan Sagmeister auf diese Art und Weise zu Kunstwerken.«

Kunst? Also doch. Am erhellendsten aber ist vielleicht das Schlusswort der Jurybegründung: »Stefan Sagmeister lehrt uns: Design soll die Herzen der Menschen berühren. Darauf gründet sein weltweiter Erfolg.«

☒ Stefan Sagmeister, 2008
Things I Have Learned In My Life So Far
Schuber mit 15 Booklets

MONUMENTALISMUS
Je größer, desto besser

Schrift und Bild können auch losgelöst von einer bedruckten Seite oder dem Bildschirm als Objekt in der Umwelt existieren. Viele dieser Manifestationen in der Umwelt – sei es in Form riesiger Plakatwände, als Neonreklame, Beschilderungssystem, als Bühnenbild oder auch als Kunst im öffentlichen Raum – kommen ohne einen gewissen Monumentalismus nicht aus, bei dem die Schrift, entweder allein oder in Verbindung mit bildlichen Darstellungen, überlebensgroß wirkt.

Im Jahr 1927 entwarf Fortunato Depero (1892–1960), ein zum italienischen Futurismus zählender vielseitiger Künstler und Designer, für die *Biennale Internazionale delle Arti Decorative* in Monza einen »Buch-Pavillon«; einen aus Betonbuchstaben und -wörtern gebildeten Ausstellungsraum für das Verlagshaus Bestetti, Tuminelli und Treves. Ein paar Jahre später, 1931, schlug Depero seinem Kunden Campari einen ähnlichen Bau aus monumentalen Buchstaben vor. Obgleich dieser nie realisiert wurde, illustrieren bereits Deperos Vorentwürfe den potenziellen Werbeeffekt seines Konzepts – die Kombination des Markennamens mit typografischer Größe und Körperlichkeit gibt dem Ganzen ein besonderen Etwas.

Dass jedes Extrem, also auch die extreme Vergrößerung von Wort und Schrift, erst mal Aufmerksamkeit erregt, leuchtet unmittelbar ein. Nicht zufällig geht das Wort »Monumentalismus« auf das »Monument« zurück, das »Denkmal« bedeutet und ein Kulturdenkmal ebenso wie ein Mahn- oder Ehrenmal meinen kann. Die Kunst des Designers dabei ist es, die Übertreibung nicht zu übertreiben, um nicht einen gegenteiligen, abschreckenden Eindruck zu erzielen.

⊠ Fortunato Depero, 1931
Entwurf für einen
Campari-Pavillon

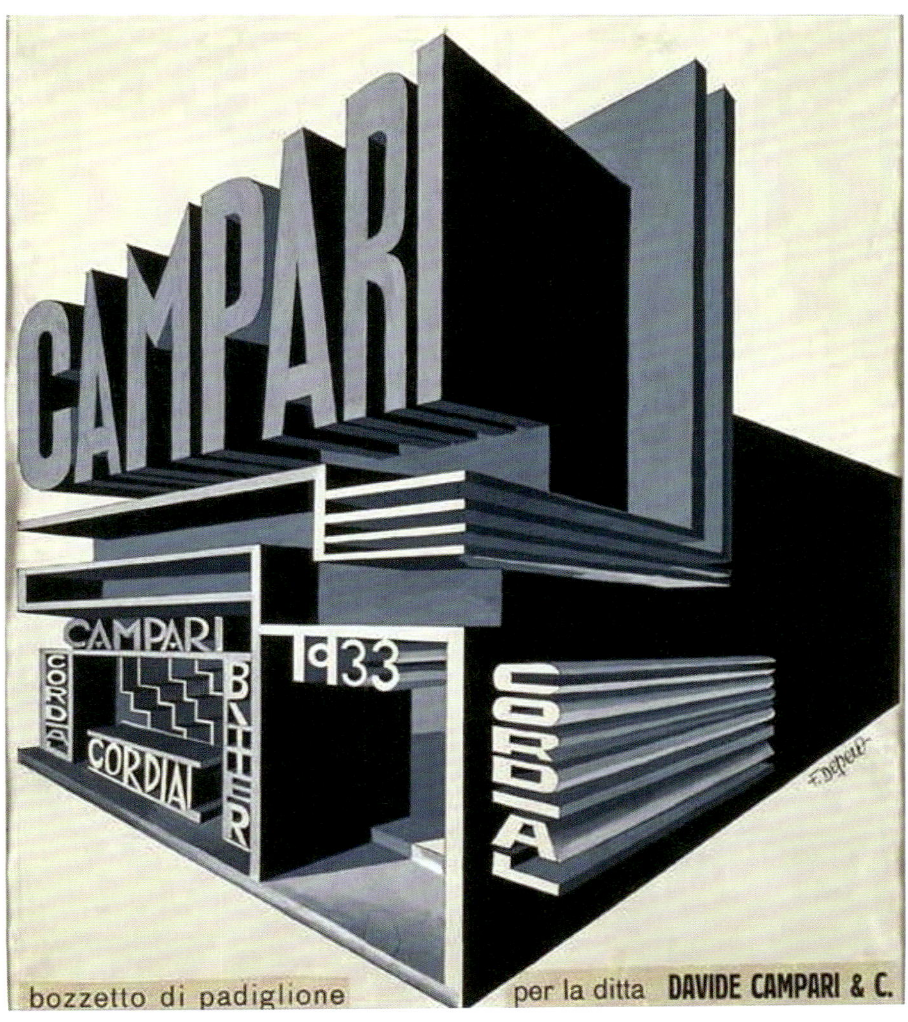
CAMPARI
CAMPARI
CORDIAL
BITTER
CORDIAL
1933
CORDIAL
F. Depero
bozzetto di padiglione
per la ditta DAVIDE CAMPARI & C.

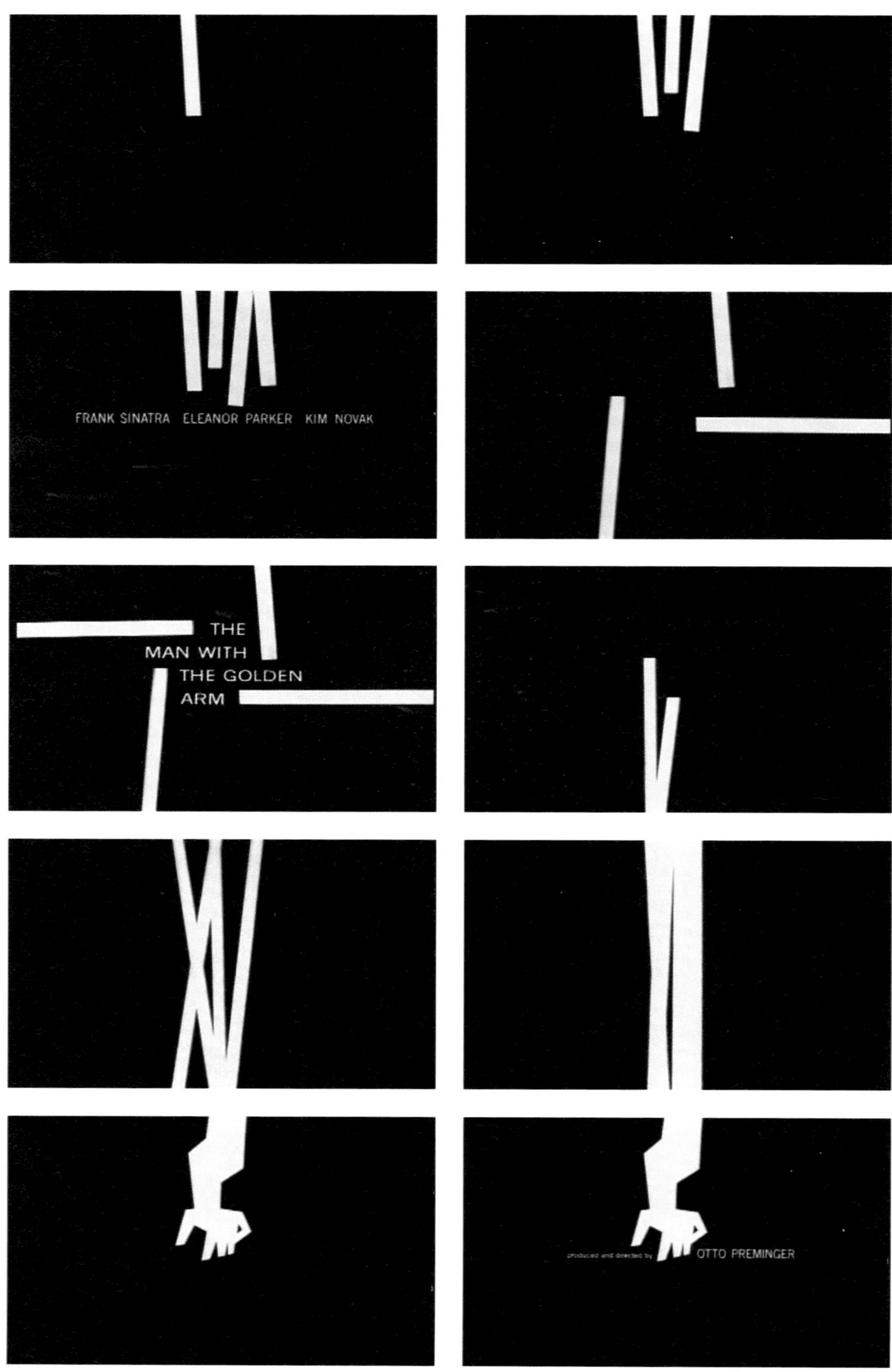
FRANK SINATRA ELEANOR PARKER KIM NOVAK
THE MAN WITH THE GOLDEN ARM
produced and directed by OTTO PREMINGER

BEWEGTES DESIGN

Die Kunst kinetischer Formen

Die Entwicklung digitaler Technologie erleichterte das Schaffen kinetischer – bewegter – Formen, für die etwa die sich um ihre eigene Achse drehenden Buchstaben des von Alan Fletcher für das Victoria & Albert Museum entworfenen Logos in der Londoner Metrostation South Kensington ein berühmtes Beispiel sind. Mit den neuen digitalen Tools erweiterten sich die Möglichkeiten im Grafikdesign enorm – zur Bewegung hinzu kommen noch Sound, Interaktivität, 3 D und vieles andere mehr.

Was Grafikdesigner als »Bewegungsdesign« definieren, begann in den frühen 1950er-Jahren mit den ersten theatralischen Animationen im Film – Schrifttypen beispielsweise, die sich im Rhythmus von Musik bewegten. Später wurde diese Technik auch für manche TV-Werbung übernommen. Schrift ist aber nicht das einzige Designelement, das sich bewegen kann – frühe expressionistische Filme spielten auch mit der Bewegung amorpher und geometrischer Formen und Muster. Davon inspirieren ließ sich auch der im New Yorker Stadtteil Bronx geborene Typograf, Grafikdesigner, Fotograf und Filmemacher Saul Bass (1920–1996), als er den Auftrag bekam, eine Titelsequenz für den Film *The Man with the Golden Arm* zu gestalten. In diesem Film Otto Premingers aus dem Jahr 1955 verkörpert Fank Sinatra einen heroinsüchtigen Berufskartenspieler, der nach seiner Haftentlassung und einem Entzug versucht, ein neues Leben zu beginnen. Für die Filmtitelsequenz entwarf Bass eine Reihe kinetischer weißer Balken auf einem schwarzen Bildschirm, die sich in ein abstraktes Ballett umherirrender Formen verwandeln. Nach ein paar Augenblicken fügen sich die Balken zu einem verrenkten Arm zusammen, was die Tragik des Filmhelden auf so schlichte wie geniale Art und Weise visualisiert.

☒ Saul Bass, 1955
The Man with the Golden Arm
Filmtitelsequenz

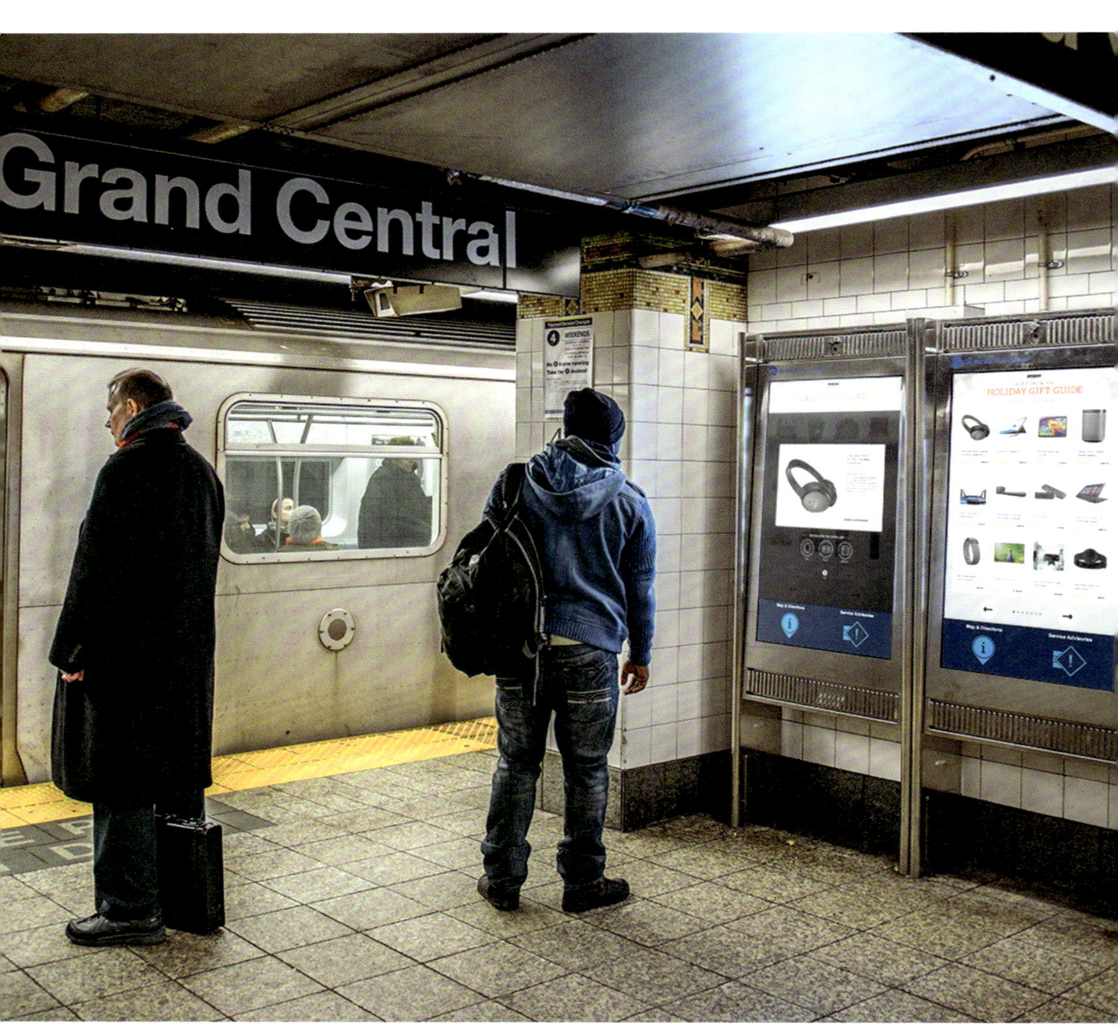
Grand Central
HOLIDAY GIFT GUIDE

BENUTZERFREUNDLICHES DESIGN

Neue Ideen nahebringen

Die Welt der digitalen Gestaltung ist ein Bereich, in dem altbewährte Gepflogenheiten des traditionellen Grafikdesigns nur noch zum Teil ihre Gültigkeit haben. Aspekte wie Zeit, Bewegung, Interaktion, Nutzererfahrung und Nutzerreaktion spielen heute eine entscheidende Rolle. Damit werden die alten Gesetzmäßigkeiten zwar nicht falsch, aber es kommen neue hinzu; das Spektrum dessen, was berücksichtigt werden muss (aber auch dessen, was alles möglich ist), erweitert sich. Die virtuelle Welt ist vielfach dynamischer als die analoge, und mit den neuen Medien bieten sich viele neue Kommunikationswege, um Ideen und Informationen in die Öffentlichkeit zu bringen.

Das hier beispielhaft ausgewählte Projekt der in New York ansässigen Control Group bietet Amazon im New Yorker U-Bahnsystem ein virtuelles Schaufenster. Über eine Touch-and-Swipe-Oberfläche können potenzielle Kunden Produkte durchstöbern und sich Links und Informationen vom Kiosk auf ihren Handy- oder E-Mail-Account schicken lassen. Dabei war es die größte Herausforderung für die Control Group, eine befriedigende Antwort zu finden auf die Frage: »Wie können wir Design nutzen, um neue Interaktionen vertraut wirken zu lassen?« Immerhin ging es für den potenziellen Interessenten nicht nur darum, mit einer ihm in dieser Form noch wenig vertrauten digitalen Werbung umzugehen – er sollte auch das Vertrauen haben, sich einen Produktlink von einem U-Bahnbahnsteig per E-Mail oder SMS schicken zu lassen. Die Lösung der Control Goup bestand daran, die neue Werbeform in einer vertraut wirkenden optischen Anmutung zu verpacken. So kam man auf die Idee, Produkte in Form von Rasterkacheln zu präsentieren, die Bilder, Namen, Preise und Bewertungen der Produkte zeigen – wie dies auch auf vielen konventionellen Plattformen von Online-Versendern üblich ist. Wenn man so will, holte die Control Group damit »die Website in den Kiosk« – der potenzielle Interessent konnte schon beim Zugehen auf diesen erahnen, was ihn dort erwarten würde, weil er die optische Anmutung bereits vom heimischen Computerbildschirm kannte.

Als die ersten Grafikdesigner digitale Erfahrungen in ihre Praxis einfließen ließen, lag eine Experimentierfreude nach dem Motto »Erlaubt ist, was gefällt« in der Luft. Heute wird mit höheren Einsätzen gespielt, denn Unternehmen wie Amazon sind von nutzerfreundlichen Anwendungen abhängig, um Kaufinteressenten anzulocken. In diesem Bereich ist nichts so beständig wie die Veränderung. Was Sie heute erfahren oder machen, kann bereits morgen wieder völlig anders sein. Wichtig ist es, mit der Entwicklung Schritt zu halten und das Design entsprechend anzupassen.

☒ Control Group, 2014
Digitaler Informationskiosk von Amazon

#4
Anleihen beim historischen Design

ABSTRAKTION

Raum für die Interpretation lassen

Um die Wende vom 19. zum 20. Jahrhundert galt in der Kunst die Doktrin, dass es dabei nicht um die Nachahmung der Natur gehen solle, sondern um den Ausdruck des Empfindens durch die Wahl der Farben und Linien. Das warf die Frage auf, ob man denn nicht auf alle »Motive« verzichten könne, um sich ganz auf die Wirkung von Farben und Umrissen zu beschränken. Das Ideal, das viele Künstler dabei im Kopf hatten, war die Musik: Um wie die Musik Empfindungen ganz ohne Worte und Anspielungen ausdrücken zu können, träumten sie von so etwas wie einer »Visuellen Musik«.

Ein besonders gelungenes Beispiel dafür ist Karel Teiges hier abgebildete Titelseitengestaltung für *ZLOM*, einen im Jahr 1928 erschienenen Gedichtband von Konstantin Biebl. Der gebürtige Prager Karl Teige (1900–1951), der auch als Kunsttheoretiker und Kritiker, als Publizist und Übersetzer sowie als Avantgardekünstler hervortrat, verwendete für seinen Entwurf Setzkastenmaterial aus Metall, Druckstöcke sowie Schablonen und nannte das Ergebnis eine »Typomontage«. Sein gestalterischer Ansatz verband die Klangfarbe der (ihrerseits poetisch abstrahierenden) Lyrik mit typografischer Abstraktion und bewies damit auch gleich, dass man etwas Abstraktes sowohl interpretieren als auch seinerseits künstlerisch abstrahieren kann.

Bei der Arbeit mit abstrakten Formen spricht der Gestalter auch unbewusst erfahrbare Bereiche unserer Wahrnehmung an, die frei(er) von konventionellen Erfahrungen sind. Clever genutzt, spornt Abstraktion den Betrachter zum Entziffern einer Botschaft an, wodurch er eine Verbindung zum Entzifferten bekommt und dieses besser in Erinnerung behält, als dies bei einer so eindeutigen wie oberflächlichen Wahrnehmung der Fall wäre.

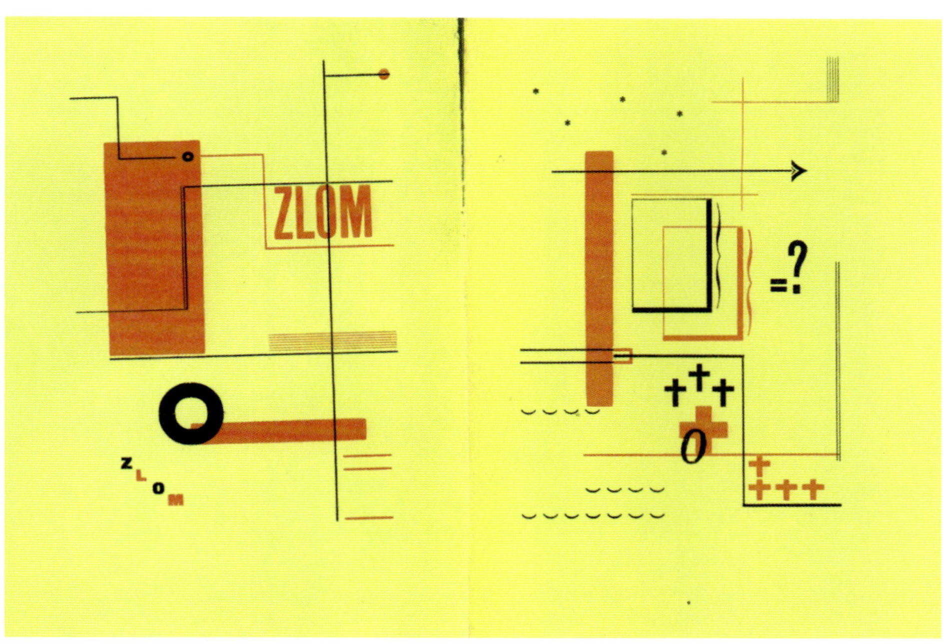

☒ Karel Teige, 1928
ZLOM
Titelseite

EXPRESSIONISMUS

Die Schocktherapie

Treibende Kraft in der Entwicklung dessen, was wir als Moderne Kunst bezeichnen, war der Expressionismus – eine Reaktion auf (und Rebellion gegen) Impressionismus, Naturalismus und Akademismus. Dabei ging es wegbereitenden Künstlern wie Paul Gauguin und Vincent van Gogh vor allem um den geistigen Ausdruck (franz. *expression*) und weniger um die reale Natur der Dinge. Farben und Formen dienen der Darstellung innerer Wahrnehmung, eine großflächige, scharf konturierte Formensprache mit starken Farb- und Proportionskontrasten soll psychische Impulse, Affekte und Befindlichkeiten widerspiegeln. Zur Steigerung des Ausdrucks wird neben der Flächigkeit gern das Mittel der Deformation eingesetzt.

Mit seiner Betonung des Subjektiven läuft der Expressionismus den Grundsätzen einer möglichst neutralen, universellen, rationalen Gestaltung zuwider, die die große Mehrheit der Kunden vom Designer verlangt. Eine Prise Rebellion kann aber durchaus nützlich sein, und immer dann, wenn eine Botschaft zu vermitteln ist, die einen emotionalen Ansatz verlangt, kommt man beim Blick auf expressionistische Stilmittel möglicherweise auf eine gute Lösung.

Ein gutes Beispiel dafür ist der im Jahr 1969 in Minsk geborene Peter Bankov, einer der wichtigsten Vertretern der gegenwärtigen russischen Designerszene. Er ist Mitgründer und Creative Director des Design Depot in Moskau, erhielt zahlreiche nationale wie internationale Auszeichnungen und lebt heute in Prag. Bei diesem Plakatmotiv für einen Vortrag, den er 2014 im New Yorker Type Directors Club hielt, handelt es sich um ein Selbstporträt – allerdings weniger um ein realistisches Bild seines Äußeren als um eine expressionistische Darstellung seines Seelenlebens. Es erweckt den Eindruck eines Künstlergeistes im Körper eines Kindes, was noch durch die hingekritzelte Beschriftung unterstrichen wird. Zum Ausdruck kommt auch eine ungeheure Energie, die nicht zuletzt die ungezügelte Kreativität des Designers erklärt. Jedes Element des Porträts wirkt symbolisch aufgeladen, alles scheint mehr aus dem Bauch zu kommen als vom Verstand her geleitet zu sein. Bankovs – um absolute Aufmerksamkeit buhlende – Darstellung ist voller Emotion und Leidenschaft.

Doch aufgepasst: Wie beim Monumentalismus gilt es auch für Neo-Expressionisten im Grafikdesign, die Übertreibung der Übertreibung zu vermeiden. Auch ein Zuviel an ungezügelter Emotion kann ein Zuviel des Guten bedeuten – und das Gegenteil des Gewünschten, also Ablehnung statt Aufmerksamkeit bewirken.

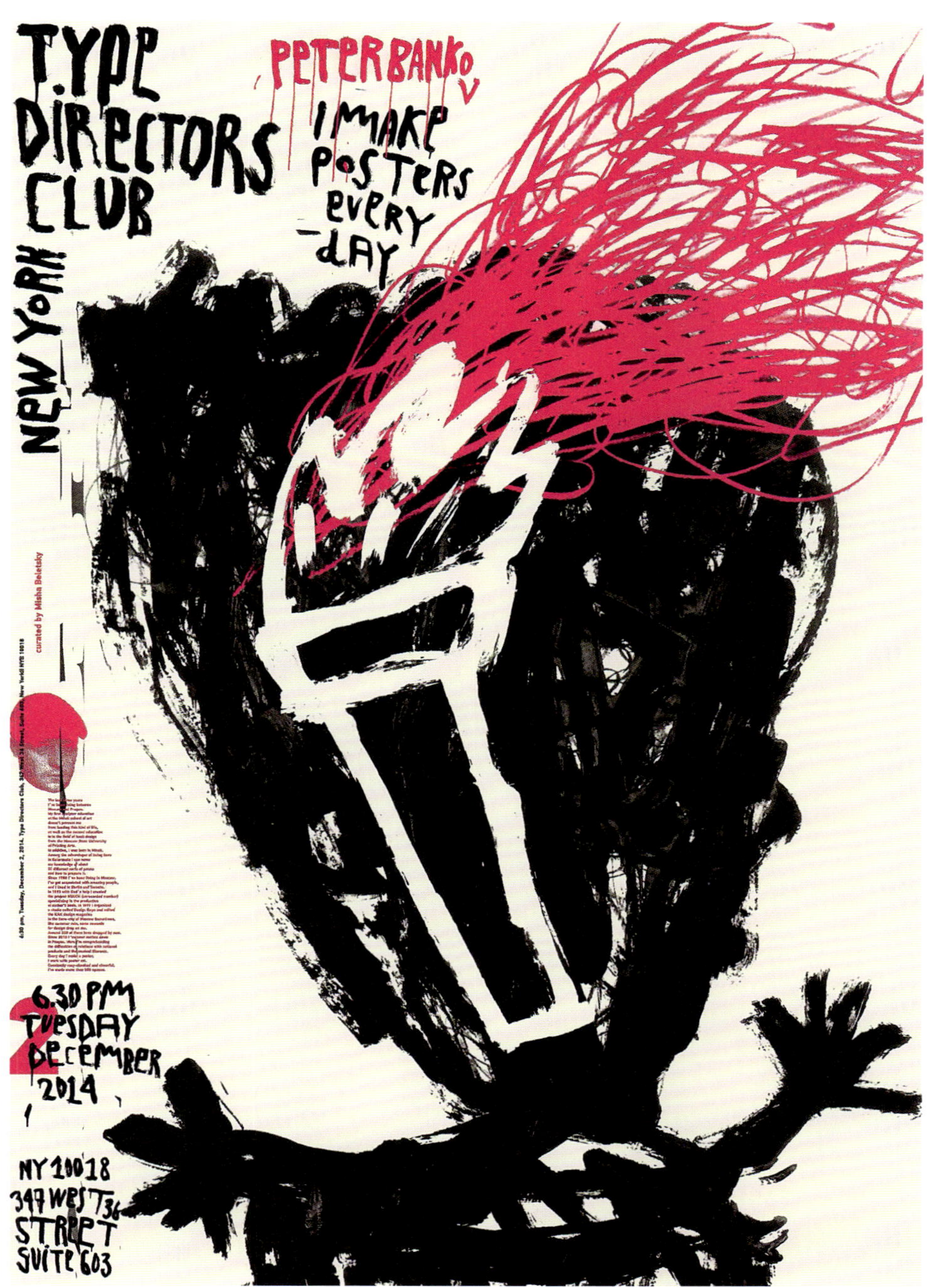

⊠ Peter Bankov, 2014
Plakat für einen Vortrag
beim Type Directors Club

RETRO

Nostalgie und Ironie

Retro-Design bedeutet, spezifische Merkmale vergangener Stilrichtungen zu zitieren – sei es, um einen ironischen Effekt zu erzielen, oder auch, um nostalgische Gefühle zu erwecken. Manchmal bedient man sich auch einfach gern bei der bewährten ästhetischen Eleganz solcher Stile. Entscheidend für gutes Retro-Design ist immer, dass die übernommenen Stilmittel nicht einfach in ihrer ursprünglichen Form wiederverwendet, sondern modern interpretiert werden; dass in der Fantasie des Designers etwas Neues entsteht..

Ein gelungenes Beispiel dafür ist das hier zu sehende Cover des im Jahr 1931 in New York City geborenen Grafikdesigners Seymor Chwast für die Jugendstilausgabe von Design & Style. Chwast ist ein Studienkollege von Milton Glaser, der u. a. das berühmte »I Love New York«-Logo entwarf. Mit ihm, Reynold Ruffins und Edward Sorel gründete er in seiner Heimatstadt das Grafikatelier Push Pin Studios.

Für sein Cover orientierte sich Chwast an Grundformen, die er vom deutschen Jugendstil ableitete: naturalistisches Ornament, dekorativ geschwungene Linien, frei gestaltete Schrift. Von seiner künstlerischen Intelligenz (wie von seinem Humor) zeugt die stilisierte Katze, die von einem Rahmen eingefasst wird, auf dem lauter Mäuse zu sehen. Diese grafische Anspielung schrammt hart an der Grenze zum Albernen, ist aber zugleich auch ein ironisches Zitat, das nur versteht, wer die US-amerikanische Wendung »It's the cat's meow« kennt – womit man wohl schon seit den Roaring Twenties eine Idee bezeichnet, die so »cool« ist, dass die Begeisterung dafür gar keine Worte mehr kennt.

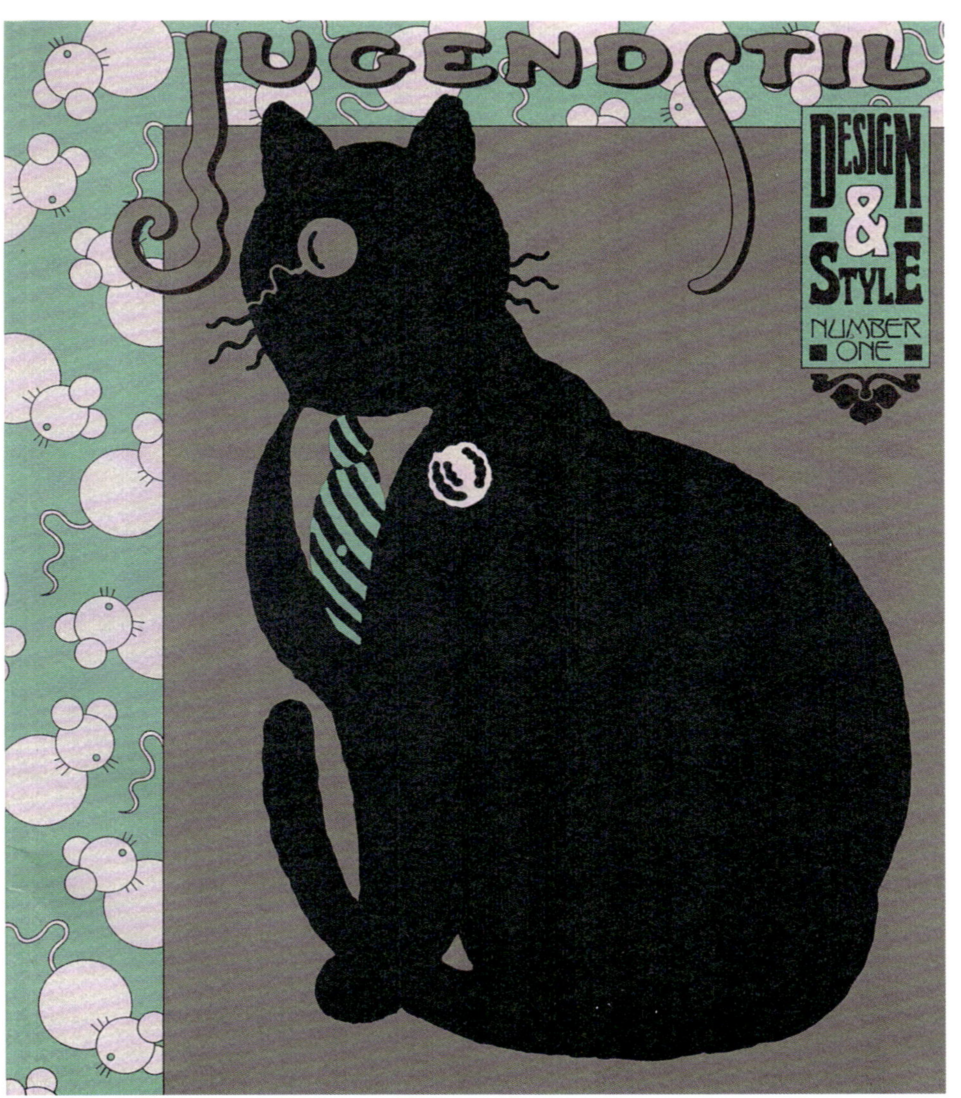

☒ Seymour Chwast, 1986
Design + Style
Cover einer Themenheftes zum Jugendstil

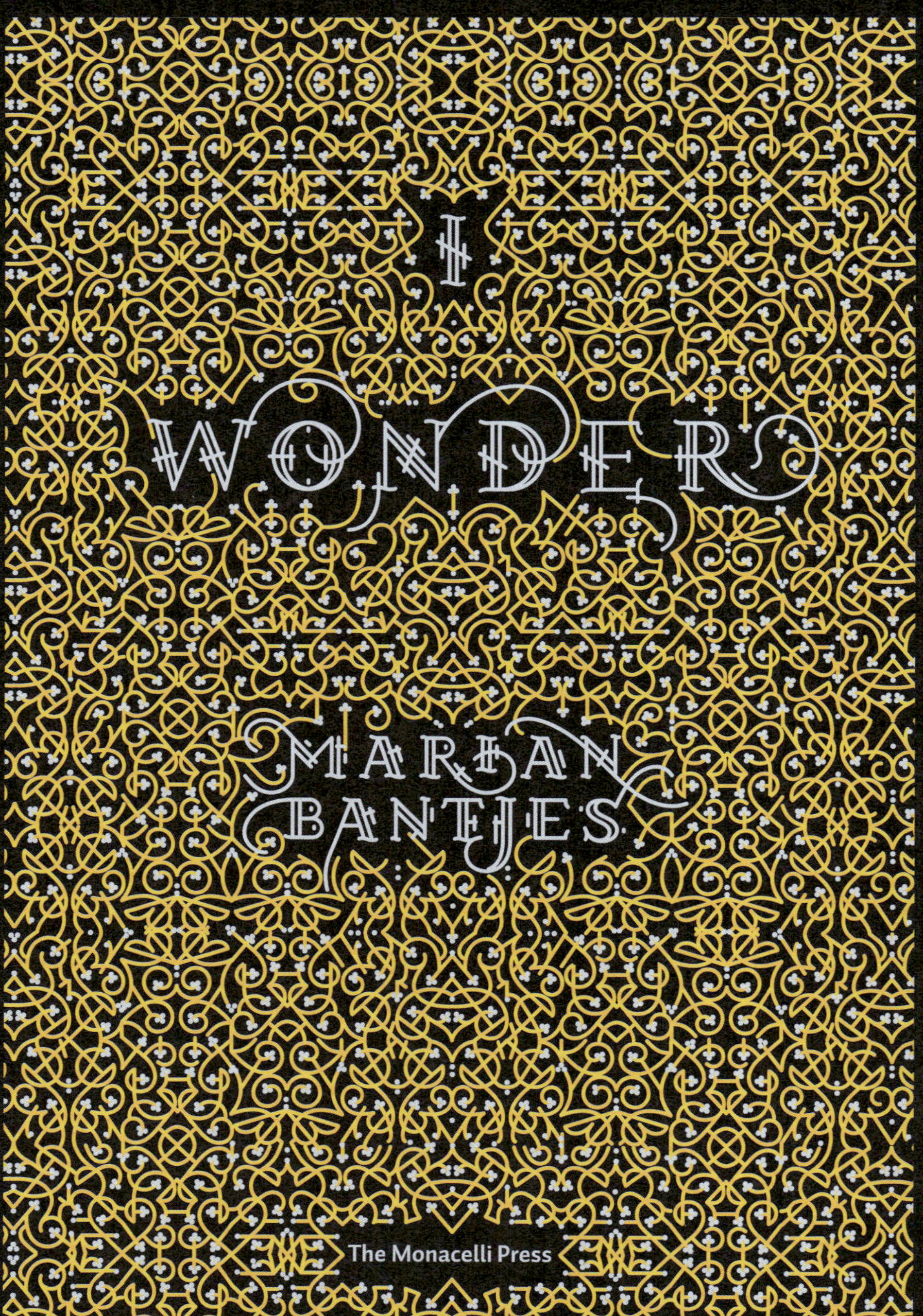
I
WONDER
MARIAN
BANTJES
The Monacelli Press

ORNAMENT
Dekor und Dekoration

Der in der mährischen Metropole Brünn geborene, zu den Wegbereitern der modernen Architektur gehörende Adolf Loos (1817 bis 1930) veröffentlichte im Jahr 1908 seinen berühmt-berüchtigten Aufsatz »Ornament und Verbrechen«, in dem er die (konsequent kleingeschriebene) These vertrat, dass »der drang, sein gesicht und alles, was einem erreichbar ist, zu ornamentieren«, zwar der »uranfang der bildenden kunst« sei, »das lallen der malerei«. Doch beim »modernen Menschen«, behauptete er, sei die »evolution der kultur … gleichbedeutend mit dem entfernen des ornamentes aus dem gebrauchsgegenstande«. Woraus sich im Umkehrschluss folgern ließe, dass die Weiterverwendung von Ornamenten die Evolution der Kultur verhindern würde … Für Adolf Loos, der auch von einer »ornamentseuche« sprach, bedeutete sie in jedem Fall einen Rückschritt. Zurecht?

Nun meint das lateinisch Wort *ornamentum* zunächst einmal nichts anderes als Ausrüstung, Schmuck, Zierde: Was soll daran verwerflich sein? Prinzipiell nichts, weder in der Architektur noch im Grafikdesign. In diesem Sinn hat sich auch die im Jahr 1963 geborene, im kanadischen Saskatchewan aufgewachsene Designerin, Illustratorin und Typografin Marian Bantjes »gegen das »geistlose Wiederkäuen ornamentaler Formen« ausgesprochen. Wer sich das von ihr gestaltete Cover ihrer ersten Monografie, *I Wonder* (2010), genauer betrachtet, von dem wir hier die Vorderseite zeigen, erkennt rasch, wie ausgeklügelt vielschichtig ihr Entwurf ist – und vor allem, wie sehr er von Bantjes individueller Handschrift geprägt ist.

Dekorative Exzesse sind immer zu vermeiden – auch wenn man mit ihnen nicht gleich wie Adolf Loos den möglichen Untergang des Abendlandes verbindet. Das Beispiel von Marian Bantjes aber zeigt, wie wir von der Historie lernen und daraus etwas eigenes machen können. Was in ihrem Fall sicher kein Rückschritt ist, sondern: eine Kunst.

☒ Marian Bantjes, 2010
I Wonder
Buchcover

RAHMEN UND BORDÜREN

Experimente mit grafischen Relikten

Im 19. Jahrhundert liebte man in Großbritannien einen geradezu verschwenderischen Umgang mit ausladenden Schriften und üppigen Umrandungen. Werbematerial, Etiketten und Verpackungen – alles wurde damit versehen. Viktorianische Akzidenzdruckereien boten deshalb auch eine immer größere Auswahl an kunstvollen Schriftarten, verzierten Rändern und Rahmen an.

Musterbücher wie *Specimens of Chromatic Wood Type, Borders, Etc.* (1874) der William H. Page Wood-Type Company, aus denen man sich eine große Auswahl an üppigem dekorativem Material heraussuchen konnte, waren für die damaligen Designer wahre Fundgruben. Und sie werden auch heute noch gern genutzt – als stilistisches Zitat oder um einer Gestaltung einen historischen Touch zu geben.

Die hier gezeigte Buchseite mit Bordüre und Initiale wurde im Jahr 1894 von dem US-amerikanischen Architekten und Illustrator Bertram Grosvenor Goodhue (1869–1924) gestaltet. Es entsteht der Eindruck einer mittelalterlichen Buchmalerei – als hätten wir es hier mit etwas sehr Seltenem und Kostbarem zu tun.

In einem ganz praktischen Sinn dient eine solche Gestaltung aber auch schlicht dazu, auf einer Seite Schrift und Objekt voneinander zu trennen oder einen Inhalt deutlich hervorzuheben.

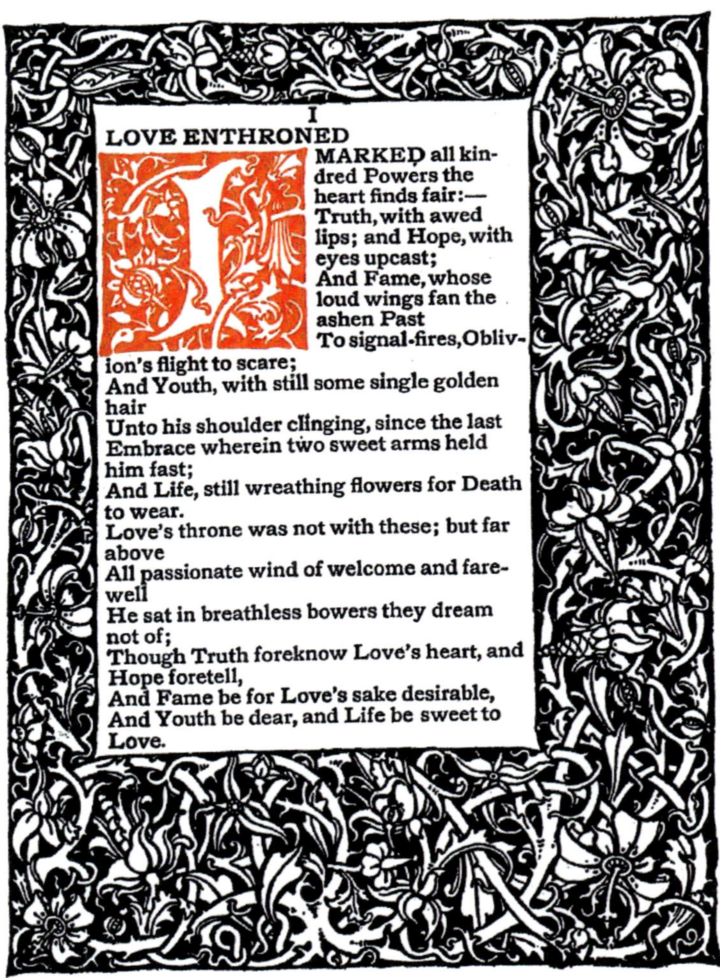

I

LOVE ENTHRONED

I MARKED all kindred Powers the heart finds fair:—
Truth, with awed lips; and Hope, with eyes upcast;
And Fame, whose loud wings fan the ashen Past
To signal-fires, Oblivion's flight to scare;
And Youth, with still some single golden hair
Unto his shoulder clinging, since the last
Embrace wherein two sweet arms held him fast;
And Life, still wreathing flowers for Death to wear.
Love's throne was not with these; but far above
All passionate wind of welcome and farewell
He sat in breathless bowers they dream not of;
Though Truth foreknow Love's heart, and Hope foretell,
And Fame be for Love's sake desirable,
And Youth be dear, and Life be sweet to Love.

☒ Bertram Grosvenor Goodhue, 1894
Seite aus D.G. Rossetti's *The House of Life*

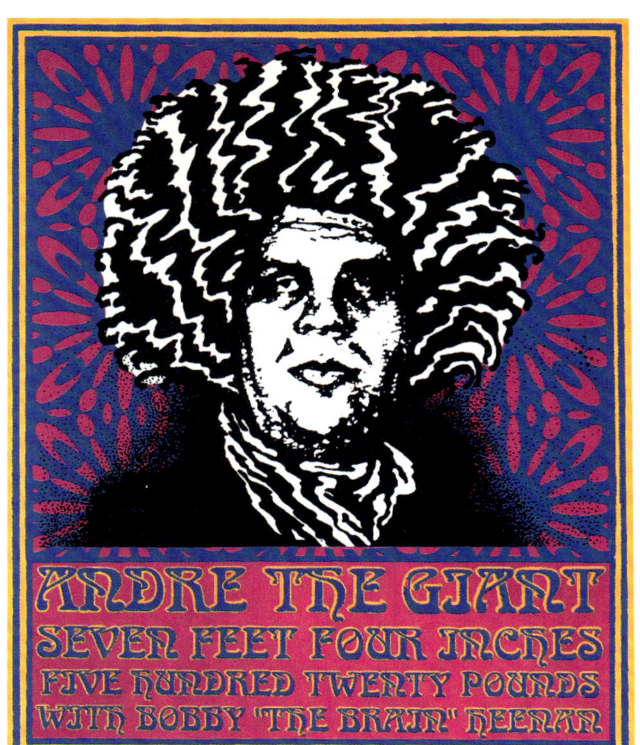

☒ Shepard Fairey, 1992
Andre the Giant
Sticker für eine Street-Art-Kampagne. Als Vorlage diente Shepard Fairey ein Bild des französischen Wrestlers André René Roussimoff, als Vorbild für die grafische Inszenierung das unten abgebildete Konzertplakat.

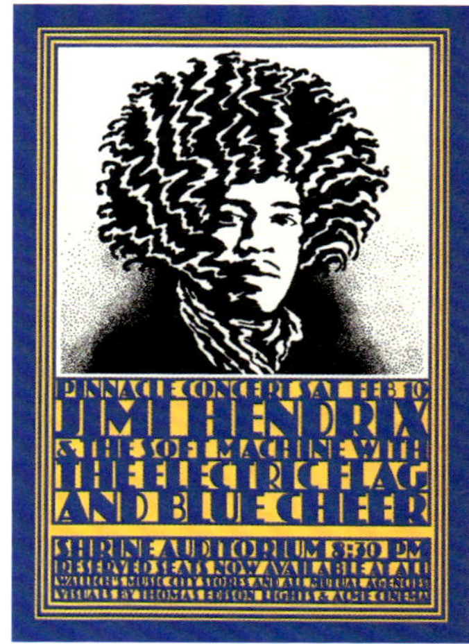

☒ John Van Hammersveld, 1968
Jimi Hendrix

SAMPLING

Design als Degustationsmenü

Was im Hip-Hop seinen Anfang nahm und inzwischen generell in der populären Musik gang und gäbe ist – das Sampling, das (im Idealfall kreative) Integrieren vorhandenen (beispielsweise digital gespeicherten) Materials zu einem neuen Ganzen – kann in gewisser Weise auch im Grafikdesign eine probate Technik sein. Allerdings gilt es dabei, wie immer im Umgang mit dem geistigen Eigentum anderer, sehr vorsichtig zu sein: Das Ganze darf keine Kopie werden, und das Urheberrecht anderer zu verletzen ist natürlich ein absolutes No-Go.

In der Musik werden vor allem Sounds, Beats und nur in einem sehr geringen Umfang auch Melodiefragmente gesampelt. Im Grafikdesign entsprächen die Sounds vielleicht der optischen Grundstimmung (Atmosphäre) einer Gestaltung, die Beats wären Details wie Typografie und weitere Layoutelemente, und die Melodiefragmente könnte man mit den verwendeten Bildmotiven vergleichen. Da der Grat vom (erlaubten) Sampling zum (verbotenen) Überschreiten eines Urheberrechtsverbots ein sehr schmaler ist, wird in Zweifelsfällen immer eine juristische Prüfung nötig sein. Hilfreich ist es in jedem Fall, wenn das (oder die) eingesetzte(n) Sample(s) als solche kenntlich bleiben, also einen eindeutigen Zitatcharakter haben.

Ein interessantes Beispiel ist in diesem Zusammenhang das Werk des US-amerikanischen Street-Art-Künstlers, Grafikers und Illustrators (Frank) Shepard Fairey. Im Jahr 1970 in Charleston, South Carolina, geboren, begann Fairey ursprünglich in der Skateboard-Szene, machte dann mit ersten Graffities von sich reden und ist beispielsweise auch in Banksys »fiktionalen Dokumentarfilm« *Exit Through the Gift Shop* (sowie in einer diesen Film parodierenden *Simpsons*-Folge zu sehen). Bekannt wurde er schon als Student der Rhode Island School of Design (RISD) durch seine Aufkleberkampagne *André the Giant Has a Posse*, aus der das hier gezeigte Beispiel einer spielerisch-kreativ »gesampelten« Adaption eines Jimi-Hendrix-Plakats stammt. Berühmt wurde er 2008 durch sein »Hope«-Poster mit einem Barack Obama in Blau, Rot und hellen Ockertönen, das er ursprünglich auf Eigeninitiative (allerdings mit Erlaubnis des Wahlkampfbüros) gestaltet und als Poster auf der Straße verkauft hatte. Schnell bekam das Motiv, das es auch mit den groß und versal gedruckten Worten CHANGE und PROGRESS gibt, einen geradezu ikonengleichen Status. Dass es diesen Status weniger dem verwendeten Foto als seiner Gestaltung verdankt, mit der er den späteren US-Präsidenten grafisch zum Popstar erhob, könnte man als kreative Eigenleistung Shepard Faireys ansehen. Gleichwohl musste er sich mit Plagiatsvorwürfen auseinandersetzen, da er für die Schablone seines Obama-Porträts ein AP-Foto verwendet hatte.

PARODIE

Thema und Antithema

Die »komisch-satirische Nachahmung oder Umbildung eines [berühmten, bekannten] meist künstlerischen, oft literarischen Werkes oder des Stils eines [berühmten] Künstlers« bezeichnet der Duden als Parodie. Natürlich ist eine solche Parodie auch im Grafikdesign möglich – wenn man den Grafikdesigner hier als Künstler definiert.

Umberto Eco zufolge ist eine Parodie »immer auch eine Hommage, eine Form des Begreifens«. Etwas schärfer formuliert es sein Schriftstellerkollege Arthur Koestler: »Die Parodie ist die aggressivste Form der Nachahmung.« Und dann wäre da noch die juristische Position, wie sie der Bundesgerichtshof im Jahr 1973 formulierte: Demnach wird in einer Parodie (oder Persiflage) in der Regel das Ursprungswerk auf eine »antithematische« Art und Weise behandelt, die dann auch gleich das wichtigste Merkmal einer Parodie ist. Das bedeutet konkret: Da eine Parodie nur dann komisch ist, wenn man das Original (»Thema«) wiedererkennt, bleibt der Stil der Vorlage in der Regel erhalten. Zum anderen muss eine Parodie aber auch, um im juristischen Verständnis eine solche zu sein, einen neuen Inhalt haben (ein »Antithema«), der sich gegenüber dem Vorbild in den Vordergrund drängt.

Sieht man sich in diesem Zusammenhang das hier abgebildete Beispiel an, bestätigt die Praxis ersichtlich die Theorie: Im Jahr 2003 warb Apple, ohnehin an seinem einprägsamen Corporate Design global erkennbar, für den iPod mit einer Plakatserie, auf der Tänzer mit den typischen weißen iPod-Kopfhörern zu sehen waren, deren Silhouette sich vor einer kräftigen Farbfläche abhob. 2004 wurden der Presse Fotos zugespielt, die enthüllten, dass im US-Militärgefängnis Abu Ghraib im Irak gefoltert wurde. Eine der schrecklichsten Aufnahmen zeigt einen Häftling in Kapuze und Umhang, der auf einer Kiste steht und zu dessen Körper Elektrokabel führen. Dieses Bild regte das New Yorker Künstlerkollektiv Copper Greene zu einer Parodie der iPod-Plakate an, bei der den meisten Betrachtern das Lachen im Halse stecken bleibt. In einer Nacht- und Nebelaktion klebte das Künstlerkollektiv seine böse Parodie direkt neben die regulären iPod-Poster auf den New Yorker Plakatwänden und sorgte damit für die größtmögliche Aufmerksamkeit.

Betrachtet man sich ihren Entwurf genauer, merkt man: Hier stimmen alle »zitierten« Layoutkomponenten bis ins kleinste Detail: die Schrift, die Farben, die Bildinszenierung – bis hin zu den typischen weißen Drähten, deren Funktion hier auf die am schlimmsten denkbare Art und Weise »neu definiert« wird. Diese Detailgenauigkeit ist es, die eine einprägsame grafische Parodie von einem einfachen Scherz oder Gag unterscheidet. Die hier zugrunde liegende Idee aber, die das bekannte Plakatmotiv deutlich überlagert, ist es, die die Parodie inhaltlich erst zu einer solchen macht.

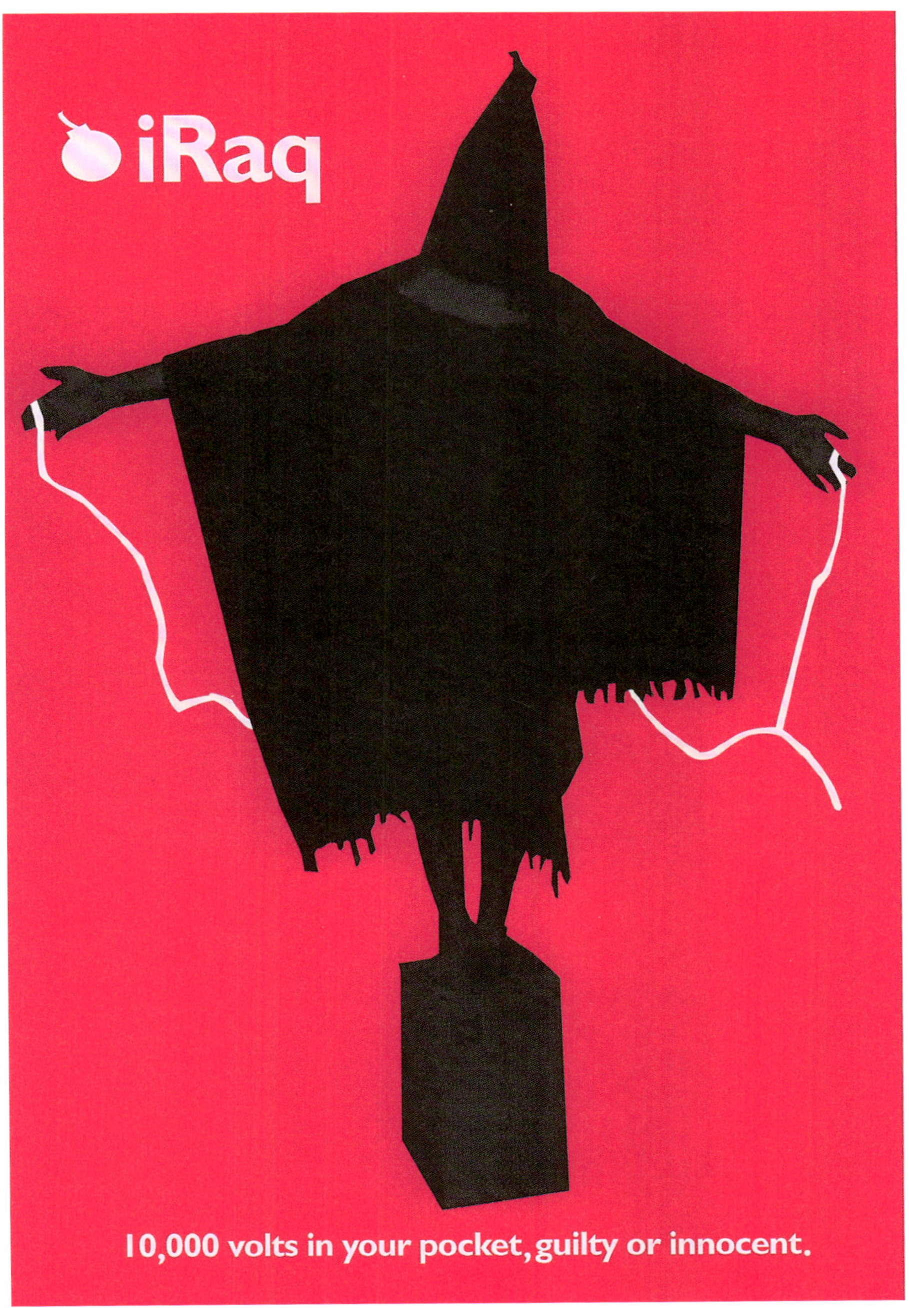

☒ Copper Greene, 2004
iRaq

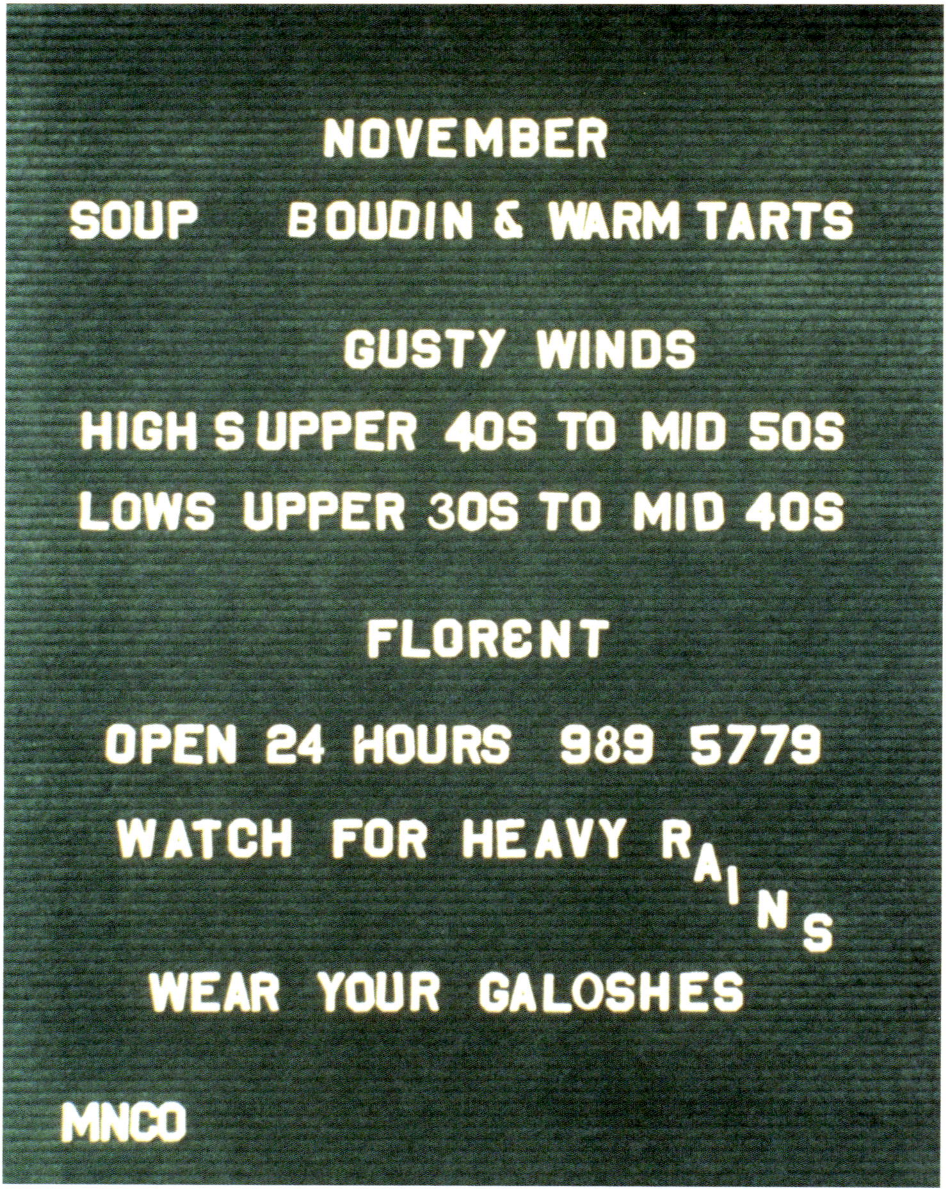

NOVEMBER

SOUP BOUDIN & WARM TARTS

GUSTY WINDS

HIGHS UPPER 40S TO MID 50S

LOWS UPPER 30S TO MID 40S

FLORENT

OPEN 24 HOURS 989 5779

WATCH FOR HEAVY RAINS

WEAR YOUR GALOSHES

MNCO

VERNAKULÄRES DESIGN
Fortschrittlich rückschrittlich

Für das englische Wort *vernacular* gibt es keine eindeutige Entsprechung. In der Regel behilft man sich mit Umschreibungen wie »lokal«/»örtlich«, »einheimisch«, »traditionell« oder schlicht eingedeutscht »vernakulär« oder »vernakular«. Im Grundsatz, so formuliert es die Autorin Inge Beckel am Beispiel vernakulärer Architektur, »handelt es sich um Formen und Konstruktionen, die sich, ausgehend von den Bedürfnissen und Gewohnheiten der Menschen, als Resultat aus örtlich verfügbaren Materialien und den klimatischen Gegebenheiten herausgebildet haben, über Jahrhunderte weitergegeben und leicht oder stärker modifiziert wurden.

Auch im Grafikdesign gibt es eine »vernakuläre Bewegung«. Einer ihrer Vertreter war der in Budapest geborene, nach dem dortigen Einmarsch der Sowjetarmee in die USA geflüchtete Grafiker und Chefredakteur der Benetton-Zeitschrift Colors Tibor Kalman (1949–1999). Hier sehen wir das von ihm und seiner Firma M & Co für das Restaurant Florent entwickelte Branding. Dessen Location war ein ehemaliger Diner in der Gansevoort Street im damals noch schäbigen Meatpacking District von Manhattan, sein Besitzer der französischstämmige Florent Morellet. Dieser wünschte sich die Optik einer traditionellen Buchstabentafel (inklusive der typischen Schreibfehler), wie man sie mit einem französischen Bistro verbindet. Natürlich wurde auch die Einrichtung des (im Jahr 2008 leider für immer geschlossenen) Restaurants dem gewünschten Ambiente angepasst, inklusive der typischen Resopaltische. Was im damaligen grafischen Umfeld »rückschrittlich« oder doch mindestens sehr ungewöhnlich war, die Inszenierung einer ganz alltäglichen, wenig »stylisch« erscheinenden, dafür aber (durchaus auch weitab von Paris, im Schmelztiegel New York) angenehm vertraut wirkenden Atmosphäre, erwies sich als »fortschrittlich« insofern, als solche Inszenierungen bald so hip wurden wie heute der ganze Meatpacking District. Dass es sich dabei auch um eine grafische Inszenierung handelte, belegt eine Charakterisierung des Restaurants durch das New York Magazine, die es als »Archetyp eines Les-Halles-Kaffeehauses« beschrieb, »wie es das – so – nirgendwo in Frankreich gibt«. Kein Wunder auch, dass sich die Gästeliste des Restaurants wie ein *Who is who* der New Yorker Szene(n) las: Alles was Rang und Namen in der internationalen Kunst-, Musik- oder Modemacherszene hatte, war hier vertreten – vielleicht auch, weil für einen Star das Alltägliche (oder alltäglich erscheinende) etwas Besonderes ist.

☒ Tibor Kalman, 1985
Branding für das Restaurant Florent, New York

GEBRAUCHSGRAFIK IM VINTAGE-STIL

Vom Schandfleck zum Top-Design

Geschmäcker ändern sich, das gilt auch für das Grafikdesign. Wenn Sie nur lange genug warten, kommt vermutlich irgendwann der Moment, in dem das, was eben noch alle gut fanden, plötzlich gar nichts mehr wert sein soll. Und wenn Sie noch ein bisschen länger warten, kommt irgendwann bestimmt ein Grafiker, der das, was gerade in den Orkus schlechten Designs verbannt wurde, wieder ausgräbt und auf den neuesten Stand bringt. Ob sich das dann auch als Erfolg erweist, ist eine Frage des jeweiligen Zeitgeistes.

Der im Jahr 1954 in Seattle geborene Grafikdesigner Art Chantry gilt als »Godfather of cut-and-paste gritty collage rock art«. Ende der 1980er- und in den 1990er-Jahren entwarf er Hunderte von Konzertplakaten und Plattenhüllen für Grunge- und andere Indie-Rockmusik. Ihre Ästetik erinnerte an alte Comics und Filme, an Werbung längst vergangener Tage – von Chantry mit wildem Punk-Gestus zu ansprechenden Sammelsurien arrangiert. Zwar kannte das junge Publikum, das von dieser Ästhetik angesprochen werden sollte, die grafische Vorbilder vielleicht gar nicht. Doch das gestalterische Konzept ging auf – Chantrys Arbeiten kamen an.

Man könnte in diesem Zusammenhang auch von »Anti-Design« sprechen – von einem Design, das sich den herrschenden Regeln und Moden widersetzt, indem es genau das interpretiert, was (derzeit) nicht regelkonform, nicht modisch ist. Natürlich lässt sich daraus kein Patentrezept ableiten. Mit »abgelegten« Stilmitteln gegen den Mainstream zu schwimmen, ist aber immer einen Versuch wert.

Art Chantry, der moderner Computertechnologie skeptisch gegenüber steht und für viele seiner Arbeiten auf heute nur noch selten gebräuchliche handwerkliche Methoden zurückgreift, wurde 2003 mit einer ersten Ausstellung seiner »Gelegenheitsarbeiten« im PS1 geehrt, das zum renommierten Museum of Modern Art in New York gehört. Und zwar mit dem durchaus passenden Titel *Art Chantry: Greatest Hits, Vol. 1.*

⊠ Art Chantry, 1997
The Cramps
Poster

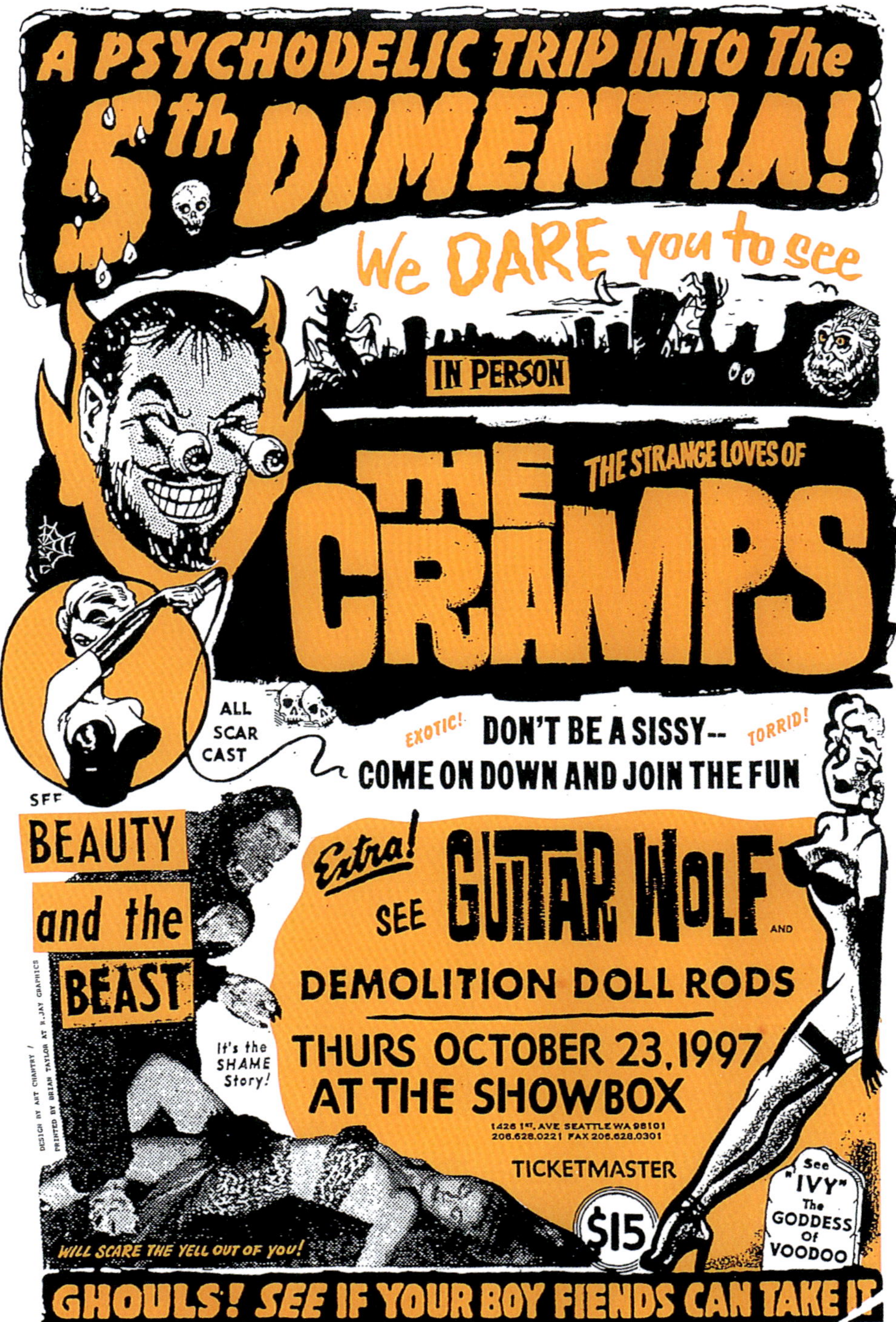
A PSYCHODELIC TRIP INTO The
5th DIMENTIA!
We DARE you to see
IN PERSON
THE STRANGE LOVES OF
THE CRAMPS
ALL SCAR CAST
EXOTIC!
DON'T BE A SISSY--
TORRID!
COME ON DOWN AND JOIN THE FUN
SEE
BEAUTY
and the
BEAST
Extra!
SEE GUITAR WOLF AND
DEMOLITION DOLL RODS
THURS OCTOBER 23, 1997
AT THE SHOWBOX
1426 1ST. AVE SEATTLE WA 98101
206.628.0221 FAX 206.628.0301
TICKETMASTER
$15
It's the SHAME Story!
DESIGN BY ART CHANTRY /
PRINTED BY BRIAN TAYLOR AT R.JAY GRAPHICS
See "IVY" The GODDESS Of VOODOO
WILL SCARE THE YELL OUT OF YOU!
GHOULS! SEE IF YOUR BOY FIENDS CAN TAKE IT

#5
Eine Botschaft vermitteln

REDUZIERT

Weniger ist mehr

Der Verzicht auf alles Überflüssige in einem grafischen Entwurf versetzt den Betrachter in die Lage, sich auf dessen wesentliche Botschaft konzentrieren zu können. Dieser ästhetische Gedanke wurde in den 1920er-Jahren vom Bauhaus propagiert und war damals auch eine Reaktion auf die vorangegangene Jugendstil-Epoche mit ihrer exzessiv stilisierten Ornamentik. Das modernistische Mantra »weniger ist mehr«, das dem Architekten Ludwig Mies van der Rohe zugeschrieben wird, hat allerdings in unseren Tagen genauso seine Gültigkeit wie zu Beginn des 20. Jahrhunderts.

Nach diesem Motto gestaltete auch der 1883 in Cannstatt bei Stuttgart geborene, 1972 in New York gestorbene Grafiker und Typograf Lucian Bernhard (eigentlich Emil Kahn) seine ab 1905 entstandenen »Sachplakate«, bei denen er die Gestaltung auf zwei wesentliche Elemente reduzierte: Markenname und Produktdarstellung. Erstmals Aufsehen erregte sein in diesem Sinne auf jedes überflüssige Detail verzichtenden Entwurf einer Werbung für Priester-Zündhölzer, mit dem er einen Design-Wettbewerb gewann.

Das von uns hier ausgewählte Beispiel *I manifesti di Michele Spera* des italienischen Designers AG Fronzoni (1923–2002) ist kein Sachplakat per se, sondern eine moderne Erweitung der Idee, bei der die Konzentration weniger auf einem Objekt liegt als dass Schrift und Bild in minimalistischer Manier kombiniert werden. Das Plakat wirbt für die Arbeit eines anderen modernen italienischen Grafikdesigners, des 1937 in Potenza geborenen Michele Spera, wobei die lineare Komponente den ersten Buchstaben seines Nachnamen suggeriert, ohne tatsächlich ein S zu bilden.

Fronzonis Designphilosophie hätte wohl auch Lucian Bernhard unterschrieben: jeden Exzess und alles Überflüssige vermeiden.

☒ AG Fronzoni, 1979
I manifesti di Michele Spera
Austellungs-Poster

10-21 maggio 1979
I manifesti di Michele Spera
Teatro del falcone
Comune di Genova
Assessorato alla cultura

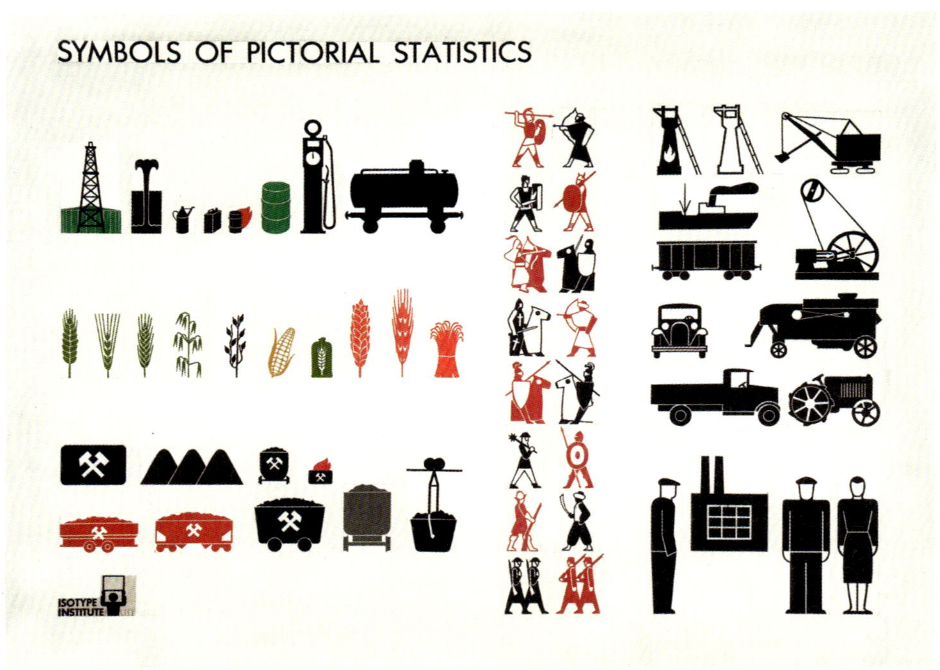

☒ Gerd Arntz und
Otto Neurath, 1925
Aus *Mengenvergleiche: Signaturen der Bildstatistik nach Wiener Methode*

INFOGRAFIKEN

Vom einfachen Bildzeichen zur komplexen Darstellung

Der auffälligste Wandel im Grafikdesign des ausgehenden 20. und beginnenden 21. Jahrhunderts war der immer häufigere Einsatz von Infografiken zur Visualisierung statistischer Daten und komplexer Zusammenhänge – eine grafische Antwort auf die zunehmende Informationsflut, das enorm gestiegene Verbreitungstempo im Internet und den zunehmenden Klärungs- bzw. Interpretationsbedarf. Grafikdesigner entwickeln viel Geschick darin, Fakten und Zahlen in verständliche grafische Komponenten zu übertragen.

Die den modernen Infografiken zugrunde liegende Idee, Daten in Schaubildern übersichtlich aufzubereiten, ist aber keine neue Erfindung; neu sind nur die digitalen Möglichkeiten moderner Computer. Einer der frühesten Vorläufer ist die Wiener Methode der Bildstatistik, aus der wir hier ein Beispiel zeigen. Entwickelt wurde diese von dem österreichischen Nationalökonom und Wissenschaftstheoretiker Otto Neurath (1882–1945), der im Jahr 1924 das Gesellschafts- und Wirtschaftsmuseum der Stadt Wien gründete und – zur sozialen Aufklärung – nach einem Weg suchte, gesellschaftliche und wirtschaftliche Sachverhalte nicht nur durch die bis dahin üblichen, aus Kurven und Balken bestehenden Grafiken darzustellen, sondern auch mit figürlichen Symbolen, die weltweit von Menschen aller sozialen Schichten verstanden werden konnten. Visuell kongenial umgesetzt wurden Neuraths Ideen, die auf der Grundannahme basierten, dass für den Menschen zumindest in den Anfangsstadien des Lernens Bilder hilfreicher sind als Worte, durch den deutsch-niederländischen Grafikdesigner und Maler Gerd Arntz (1900–1988). Inspiriert u.a. von griechischer Vasenmalerei, deutschen Holzschnitten des 16. Jahrhunderts und japanischen Drucken hatte Arntz eine figürliche, stark auf Vereinfachung angelegte, in Schwarz-Weiß gehaltene Bildsprache gefunden. Inhaltlich ging es ihm in seiner Kunst um eine »Darstellung des sozialen Milieus oder, um genauer zu sein, eine Darstellung der Menschen, aufgeteilt nach Rang und Stand in der Gesellschaft unserer Zeit und ihrer städtischen und technischen Umgebung«. Als Otto Neurath im Frühjahr 1926 einige der Arbeiten von Arntz in einer Düsseldorfer Ausstellung sah, war er davon so begeistert, dass er den Künstler drei Jahre später als Grafischen Leiter an sein Institut in Wien holte. Insgesamt entwarf Arntz rund 4000 Bildzeichen (oder: Piktogramme) nach der Wiener Methode, die 1934 in ISOTYPE umbenannt wurde, ein Akronym für »International System of Typographic Picture Education«. Bis heute sind die so entstandenen Piktogramme aus Schul- und Fachbüchern, Zeitungen und dem Internet nicht wegzudenken, und sie werden nach wie vor als schnell erfassbare, gut einprägsame Leit- und Orientierungshilfen etwa für Messen und Sportveranstaltungen sowie auf Ge- und Verbotsschildern verwendet.

PIKTOGRAMME

Information & Navigation

Symbole, Icons und in jüngerer Zeit Emoticons und Emoji sind populäre, allgemeinverständliche Bildzeichen (Piktogramme), mit denen Informationen stilisiert dargestellt und (heute meist digital) übermittelt werden können. Aus der Kommunikation in den Sozialen Medien wie aus dem Webdesign (etwa zur Verlinkung verschiedener Plattformen, für das Onlineshopping, bei der Navigation auf Blogs oder Kontaktseiten) sind diese Zeichen längst nicht mehr wegzudenken.

Grundsätzlich sollte ein Piktogramm auch ohne den Zusatz von Text auskommen, um unabhängig von Sprache und Kultur verständlich zu sein. Jedes überflüssige Gestaltungselement ist zu vermeiden. Je reduzierter die Darstellung, desto besser. In der Regel bedient man sich dafür zunächst der Form eines wirklichen Objekts (Stuhl, Uhr, Haus, Telefon etc.). Diese lassen sich dann sowohl variieren als auch kombinieren (Mensch plus Ball am Fuß = Fußball), um bestimmte Aussagen zu treffen, sowie in ein Gestaltungssystem einbinden, aus dem heraus dann wieder Sets für bestimmte Anordnungen erstellt werden können.

Wenn man so will, handelt es sich bereits bei den Signaturen von Gerd Arntz und Otto Neurath für die auf der vorherigen Doppelseite vorgestellte Bildstatistik nach der Wiener Methode um ein solches Piktogramm-Set. Für die Olympischen Spiele wurde erstmals in Tokio 1964 ein Piktogramm-Set entworfen. Später wurden diese Sets mehrfach neu interpretiert und modernisiert. Zuletzt gestaltete man für die Olympischen Spiele 2016 in Rio 64 Piktogramme (41 für die Olympischen und erstmals auch 23 eigene für die Paralympischen Spiele) – alle in den abgerundeten Flächen eingefasst, die ein fester Bestandteil des Corporate Designs dieser Spiele sind, und alle basierend (d.h. Formen aufgreifend oder Linien folgend) auf dem Font »Rio 2016«, der für diese Spiele von Dalton Maag entwickelt wurde, einem ursprünglich von dem Schweizer Typografen Bruno Maag gegründeten, heute in London seinen Hauptsitz habenden Designbüro.

Die hier zu sehenden Piktogramme schuf Otl Aicher (1922–1991) für die Olympischen 1972 in München. Der in Ulm geborene Grafikdesigner und Mitbegründer der remommierten Hochschule für Gestaltung in Ulm, deren Rektor er auch war, studierte in den Jahren 1946 bis 1947 an der Akademie der Bildenden Künste in München Bildhauerei, ehe er 1949 in Ulm sein (1967 nach München und 1972 nach Rotis im Allgäu verlegtes) eigenes Grafikbüro gründete. Obwohl er hauptsächlich Corporate Identities entwarf, mit Hans Gugelot und Dieter Rams in den 1950er-Jahren eine in sich geschlossene Design-Ästhetik für die Firma Braun entwarf und auch als Lehrer (u.a. als Gastprofessor an der Yale University) seine Vorstellung eines »Radical Designs« vermittelte, sind diese – offenbar zeitlos schönen – Piktogramme bis heute seine berühmteste Arbeit.

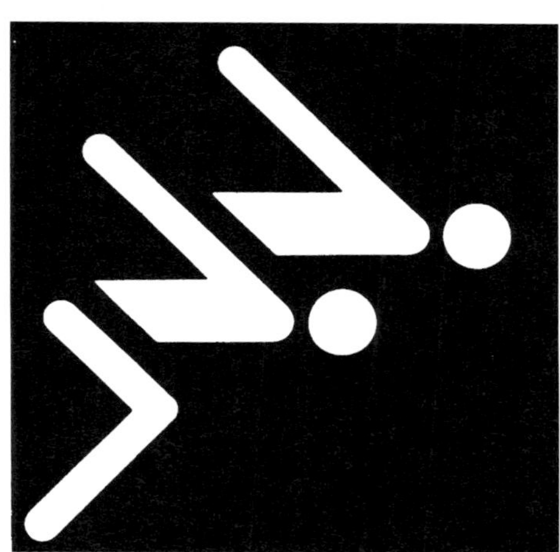

☒ Otl Aicher, 1972
Piktogramme für die
Olympischen Spiele
in München

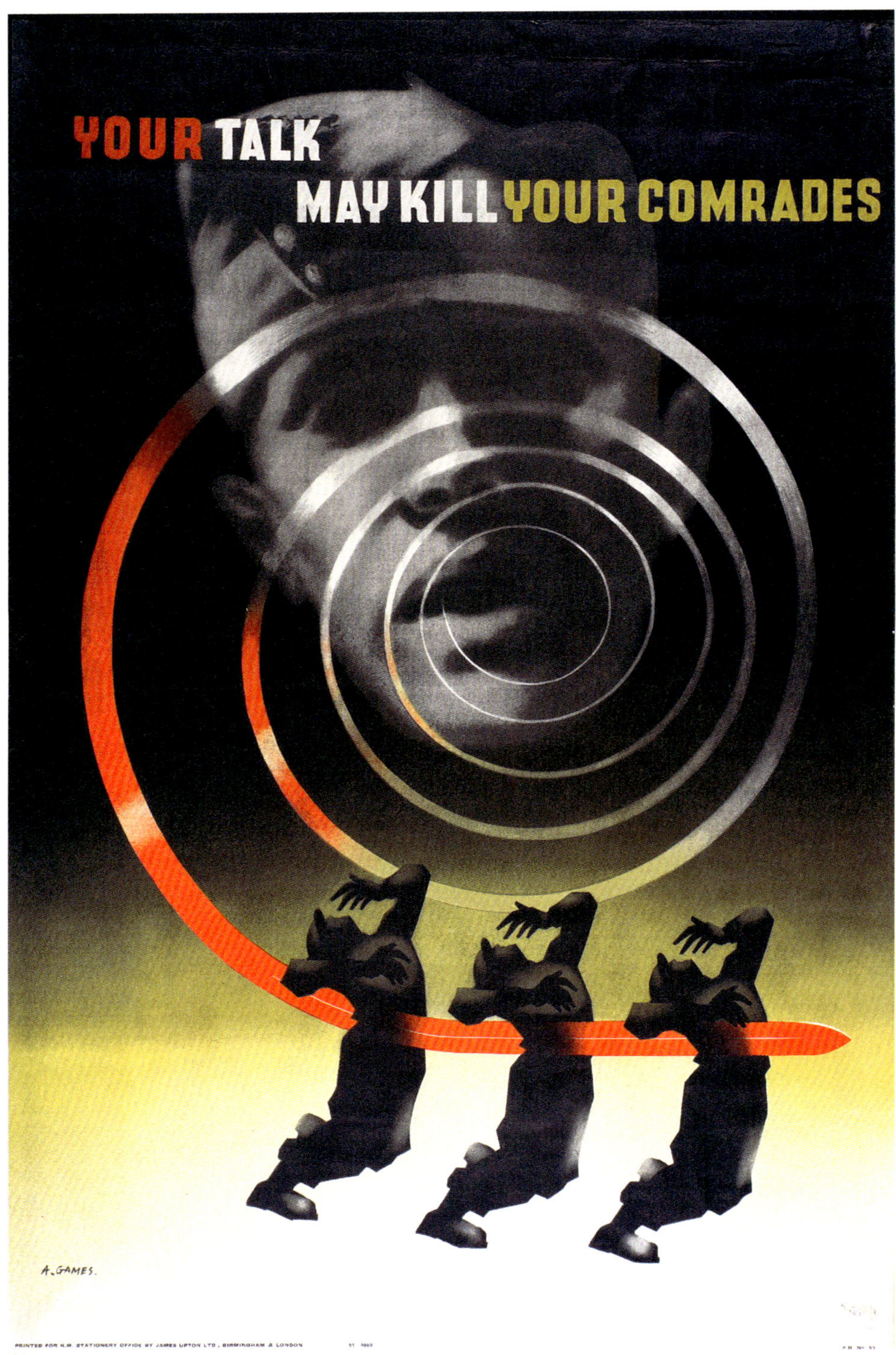
YOUR TALK
MAY KILL YOUR COMRADES
A. GAMES.
PRINTED FOR H.M. STATIONERY OFFICE BY JAMES UPTON LTD., BIRMINGHAM & LONDON

ZIELGERICHTET

Designbotschaften ganz direkt

Grafikdesign kann sich ganz in den Dienst einer Sache stellen, eines Produkts – aber auch einer Botschaft. Betrachtet man Design als Sprache, so kann diese Botschaft leise (»vornehm zurückhaltend«) formuliert werden, aber auch laut und vordergründig an die Instinkte des Betrachters apellierend. Und manchmal kann man damit sogar einen Denkprozess auslösen, der das Verhalten von Menschen nachhaltig verändert.

»Maximum meaning, minimum means« – mit einem Minimum an Aufwand ein Maximum an Inhalt vermitteln –, so lautete das Motto des britischen Grafikdesigners Abram Games (1914–1996), der im Zweiten Weltkrieg als offizieller Plakatkünstler des War Office fast hundert Propagandaplakate entwarf. Die hier abgebildete, 1942 entstandene Arbeit *Your Talk May Kill Your Comrades* (»Unbedachtes Reden kann deinen Kameraden den Tod bringen«) ist typisch für den direkten Grafikstil, den er dabei entwickelte. Die Art, wie der Titel über zwei Zeilen angeordnet ist und damit »Your Talk« hervorhebt, unterbricht den Rhythmus des Slogans, sodass die Botschaft direkt auf »you« zielt, während die weißen Buchstaben von »Talk May Kill« den warnenden Text unterstreichen. Die konzentrischen Kreise des Todes, die vom Mund des Soldaten ausgehen, beschuldigen ihn optisch, der todbringende Auslöser zu sein und mit seinem Fehlverhalten im Mittelpunkt zu stehen. Der gerollte Spieß, der sich aus diesen Kreisen entwickelt, nimmt die blutrote Farbe im Wort »talk« auf und zeigt eine schlangenartige Anmutung, wodurch der Sprecher unterschwellig mit dem Teufel assoziiert werden kann. Der Todesstoß, den die drei Soldaten durch den Spieß erhalten, unterstreicht die ernsten Folgen des unbedachten Redens.

⊠ Abram Games, 1942
Your Talk May Kill Your Comrades
Plakat

ZEICHEN SETZEN

Drastisch und plakativ

Es gibt kein besseres Beispiel für den Umgang des Menschen mit einem grafischen Symbol und einer grafischen Botschaft als das universelle Stoppzeichen. Das rote Feld und die weißen Buchstaben teilen unmittelbar etwas mit, das unweigerlich eine Verhaltensreaktion auslöst – und genau darum geht es hier auch.

Drastischer geht es nicht: das aggressiv rote Stoppschild auf bedrohlich schwarzem Grund, vier versal gesetzte Buchstaben als unmissverständliches Mahnmal (AIDS steht für »Acquired immunodeficiency syndrome« – deutsch: »erworbenes Immundefektsyndrom«). Gestaltet wurde dieses so eindringliche wie eindeutige Warnsignal von Steff Geissbühler, ein im schweizerischen Zofingen geborener Grafikdesigner, der mit Armin Hofmann und Emil Ruder in den Jahren 1958 bis 1964 an der Allgemeinen Gewerbeschule in Basel studierte, danach in der Werbeabteilung des Pharmakonzerns Geigy arbeitete und 1967 mit seiner Familie in die Vereinigten Staaten zog, wo er am damaligen Philadelphia College of Arts (heute: University of Arts) Grafikdesign unterrichtete. Im Jahr 1973 wechselte er nach New York, wo er nach mehreren Stationen als Partner renommierter Agenturen schließlich im Jahr 2011 sein eigenes unabhängiges Designbüro gründete, geissbühler:design.

☒ Steff Geissbuhler, 1989
Stop AIDS
Poster

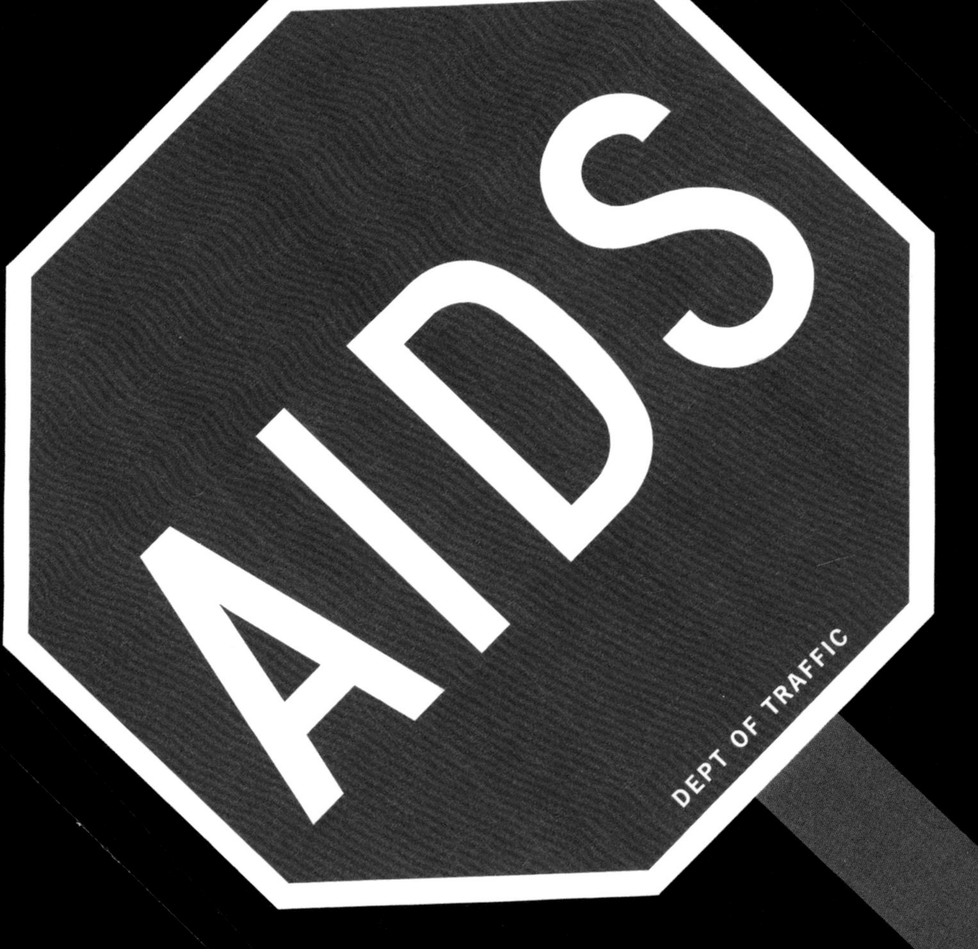
AIDS
DEPT OF TRAFFIC

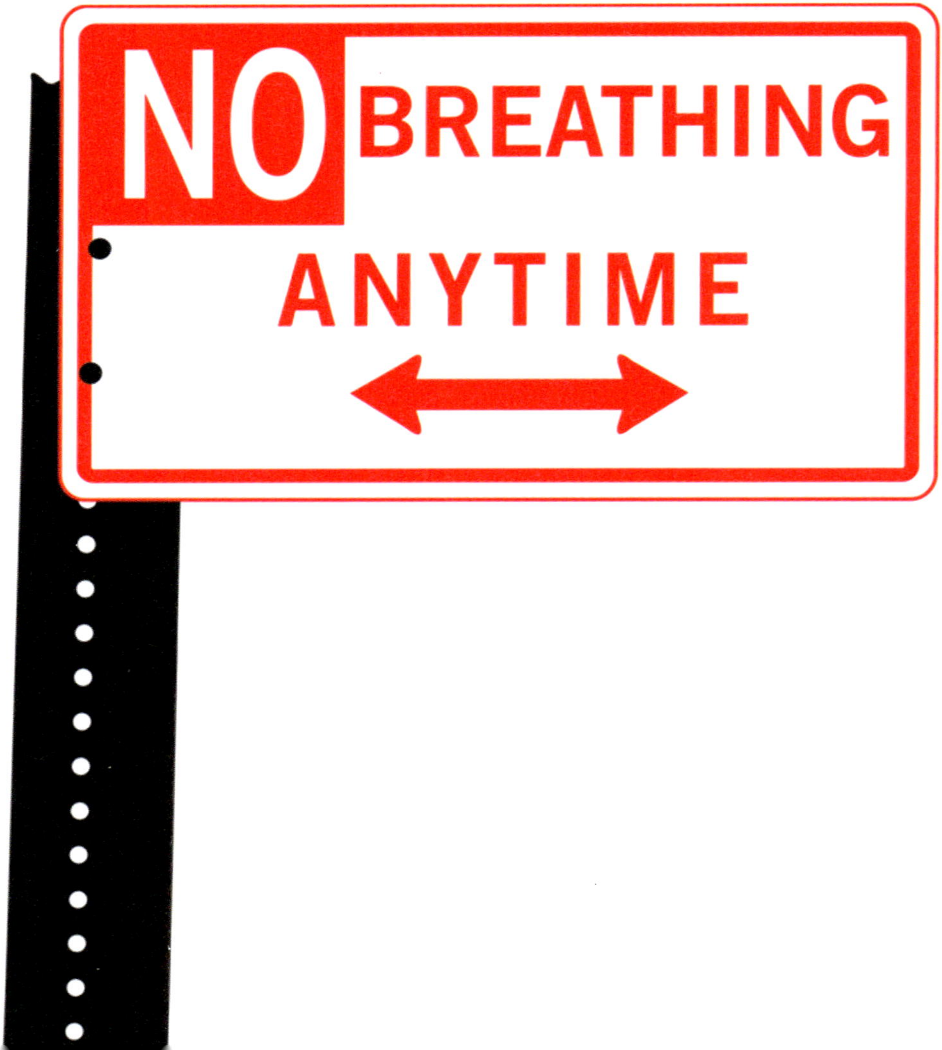

NO BREATHING

ANYTIME

NO COMMENT?

Kein Sein ohne (kritisches) Design

Grafikdesign bedeutet immer auch einen Kommentar – eine (im Wortsinn: meist kritische) Stellungnahme des Designers zur ihm gestellten Aufgabe. Aber auch die Arbeit an sich kann einen Kommentar zu einem gesellschaftlichen oder politischen Ereignis abgeben. Am erfolgreichsten ist dabei in der Regel, wer Witz und Ironie in seine Gestaltung integrieren kann.

Ein gutes Beispiel dafür ist der hier zu sehende Entwurf des im Jahr 1964 geborenen US-amerikanischen Grafikdesigners und Illustrators Paul Sahre, der im Jahr 1997 sein eigenes Studio in New York gründete und sich mit vielen Buchcovergestaltungen sowie mit seinen Arbeiten für die *New York Times* einen sehr guten Namen machte. Er ist Mitglied der *Alliance Graphique Internationale* (AGI), einem Eliteverein weltweit renommierter Grafik- und Kommunikationsdesigner. In diesem Fall sollte Sahrer für die *New York Times* eine Story illustrieren, in der es um die so verwirrenden wie frustrierenden Parkvorschriften New Yorks ging. Dieser Auftrag kam ihm gerade recht – nachdem sein Auto bereits mehr als einmal abgeschleppt worden war, empfand er es als große Genugtuung, die Situation auf den Straßen von Manhattan auf diese Weise kommentieren zu können. Sein Entwurf zeigt eines der in New York allgegenwärtigen Parkverbotsschilder, mit denen Autofahrer tagtäglich konfrontiert sind. Der Austausch eines Wortes genügt, um den Betrachter stutzen, nachdenklich werden zu lassen.

Und vielleicht kann Sahres grafischer Kommentar ja auch noch auf eine ganz andere Weise gelesen werden, als es auf den ersten Blick offensichtlich ist?

Vielleicht handelt es sich nicht nur um die entnervte Reaktion auf die (von den Behörden verordnete) Unmöglichkeit des (manchmal eben notwendigen) Parkens, sondern um einen zum Nachdenken (und zur Einsicht?) anregenden Appell eines New Yorker Bürgers, der die absurde Verkehrssituation auch in einen Zusammenhang mit der ihm die Luft zum Atmen nehmenden Umweltverschmutzung bringt?

⊠ Paul Sahre, 2003
No Breathing Anytime
Illustration für die
New York Times

NARRATION

Mit dem Layout eine Geschichte erzählen

»Every Picture tells a Story« sang einst Rod Stewart, und damit hatte er zweifellos recht. Aber wie etwas und was damit erzählt werden soll, darauf hat auch das Grafikdesign einen entscheidenden Einfluss. Im schlimmsten Fall kann im Layout eine Aussage »versteckt«, unkenntlich gemacht und vielleicht sogar in ihr Gegenteil verkehrt werden. Im besten Fall »transportiert« die Gestaltung genau das, was mit den Bildern gesagt werden soll, und unterstützt somit den narrativen Prozess.

Am deutlichsten wird dieser (Layout-)Prozess in redaktionellen Medien; Büchern und Zeitschriften vor allem, bei denen der Akt des Umblätterns einer Reise durch Raum und Zeit gleichen kann. Aber auch Internetseiten und Apps lassen sich als »Plattform der Narration« nutzen, und nicht selten visualisieren sie den gewünschten Effekt, in dem sie das Umblättern virtuell nachbilden.

Eine in diesem Sinn narrative Gestaltung schuf auch der bereits erwähnte, im Jahr 1925 in der Nähe von Paris geborene Autor, Grafiker und langjährige Art Director des Verlags Gallimard: Robert Massin (der ab den 1950er-Jahren auf die Nennung seines Vornamens verzichtete) veröffentlichte im Jahr 1964 eine unverwechselbare Interpretation von Eugène Ionescos surrealistischem Theaterstück *Die kahle Sängerin* Seine Gestaltung erinnert ein bisschen an ein filmisches Storyboard oder an einen Comic: Jede Figur erhielt als typografisches Äquivalent zu ihrer Stimme eine eigene Schrifttype (in unterschiedlicher Größe, Dichte und Ausrichtung), und jede Stimme wurde mit einem kontrastreichen Foto illustriert.

Mit heutigen Computerprogrammen sind solche flexiblen Layoutformen technisch relativ einfach zu gestalten. Aber wenn man bedenkt, welcher enorme technische Aufwand damals nötig war, um Massins Vorstellungen umzusetzen, wird seine Pionierleistung umso größer.

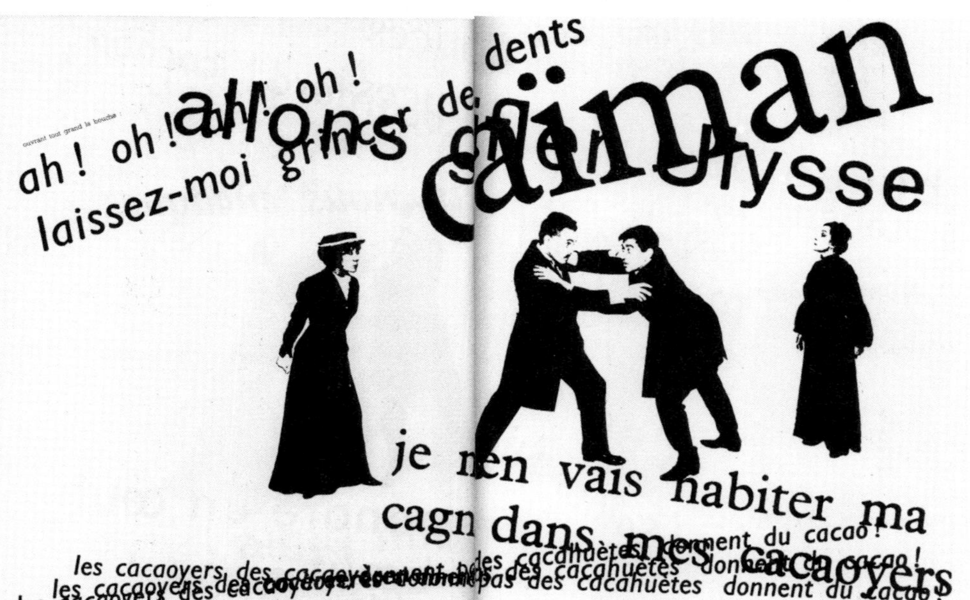

☒ Massin, 1964
Doppelseite aus
Die kahle Sängerin

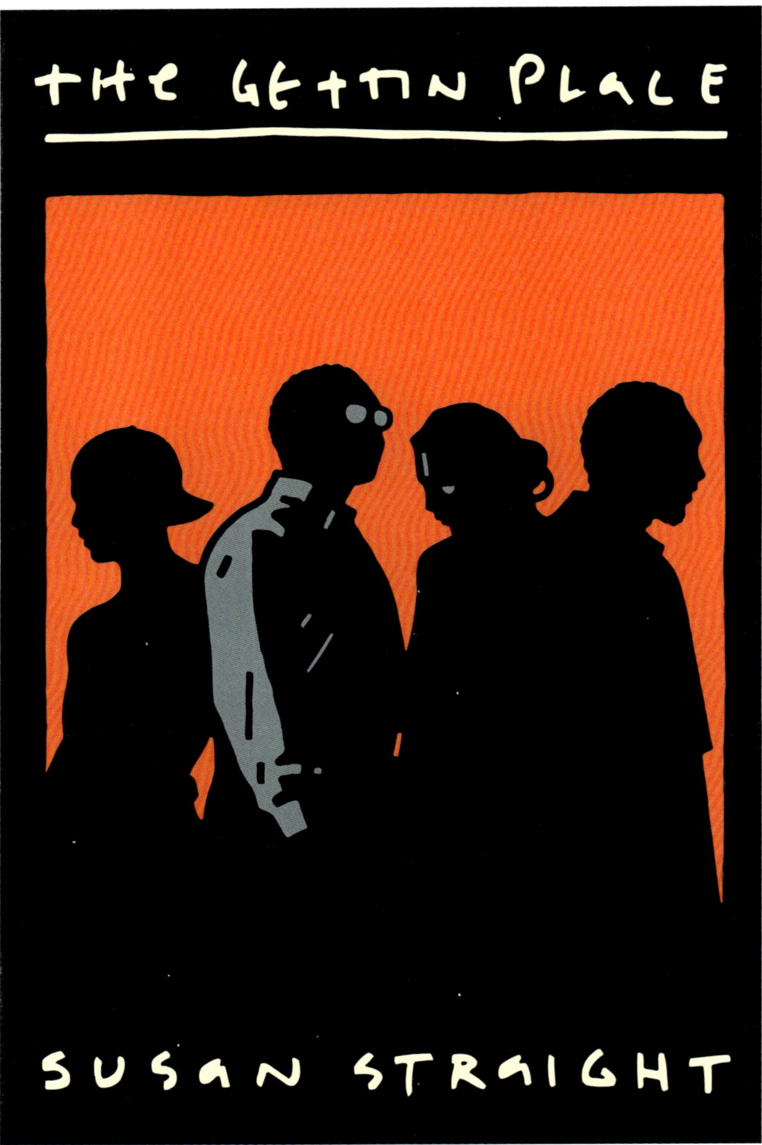
THE GETTIN PLACE
SUSAN STRAIGHT

IN THE MOOD

Den richtigen Ton angeben

Im Grafidesign lässt sich die beabsichtigte Stimmung eines Werks auf verschiedenste Arten und Weisen heraufbeschwören. So lösen beispielsweise bestimmte Farben bestimmte Reaktionen aus: Gelb, Orange und Grün stehen für Glück oder Hoffnung, während dunkleres Rot, Lila und Schwarz eher düstere Gefühle evozieren. Es gibt auch eine »Psychologie der Typografie«: Eine leichte, serifenlose Schrift wirkt weniger ernst als eine mittelschwere Serifenschrift, während eine extrafette serifenlose Schrift einen düsteren Eindruck macht. Illustration und Fotografie kommen zum Gesamtbild hinzu – letztendlich sind es aber oft die kleinsten Nuancen, mit denen die Stimmung eines Designs beeinflusst werden.

Es gibt viele Gründe, warum Michael Schwabs Cover von 1997 für *The Gettin Place*, einen Roman von Susan Straight über US-amerikanische Rassenkrawalle und den Einfluss von Gewalt auf drei Generationen einer Familie, so eindringlich wirkt. Das Tiefrot des Hintergrunds signalisiert eine dramatische Handlung, während die schwarzen Gestalten eine Familie repräsentieren, die mit einer geheimnisvollen Vergangenheit befrachtet ist. Das schwache Blaugrau in Hemd, Gesicht und Brille bringt etwas Licht in die Komposition – und macht den Betrachter zusätzlich neugierig. Die Ausrichtung der Gestalten, die alle in unterschiedliche Richtungen blicken, lassen an einen Konflikt oder eine Unsicherheit denken. Letztere scheint auch die gewählte Schriftlösung zu signalisieren. Im Gesamteindruck entsteht eine bedrohliche Atmosphäre, die genau den richtigen Ton vorgibt für die Geschichte, die im Buch erzählt wird.

Für den in Oklahoma geborenen, heute im Norden Kaliforniens lebenden und arbeitenden Grafikdesigner Michael Schwab beginnt auch im Zeitalter der digitalen Revolution immer noch jeder Auftrag zunächst »nur mit Bleistift und Papier«. Durch seine unverwechselbare Handschrift wurde er zu einem der gefragtesten Designer und Illustratoren des Landes, mit vielen internationalen Ausstellungen und Klienten von American Express und Apple über Disney und Nike bis zu den Warner Brothers.

☒ Michael Schwab, 1997
The Gettin Place
Buchcover

EMOTION
Leidenschaft für ein Thema

Passion oder Profession? In der Regel wird der Grafikdesigner nicht dafür bezahlt, dass er sich selbst, seine persönlichen Emotionen, in seine Arbeit einbringt – die darf er sich »gern für die Kunst« aufheben. Stattdessen erwartet man von ihm Sensibilität für die Wünsche des Auftraggebers, die Anforderungen des jeweiligen Mediums und, natürlich, dass er sein professionelles Handwerk versteht. Es gibt aber immer auch Fälle, in denen sich Passion und Profession vereinen, und in den meisten Fällen sieht man dem Ergebnis dann auch die mit ihm verbundenen Emotionen an.

Eines der besten Beispiele für emotional aufgeladenes Design ist das Werk des im Jahr 1891 als Helmut Herzfeld geborenen, ab 1915 seinen Namen anglisierenden John Heartfield. Nach einer abgebrochenen Buchhändlerlehre in Wiesbaden studierte der als erster Sohn des Schriftstellers Franz Herzfelde in Berlin-Schmargendorf geborene Grafiker, Maler, Fotomontagekünstler und Bühnenbilder in den Jahren 1908 bis 1911 an der Kunstgewerbeschule in München und ab 1913 an der Kunst- und Handwerkerschule Berlin. 1917 baute er mit seinem Bruder den Malik-Verlag auf, für dessen Publikationen er als Grafiker arbeitete. 1919 trat er in die Kommunistische Partei Deutschlands (KPD) ein und begann eine Mitarbeit an linken satirischen Blättern wie *Die Pleite* und *Der Knüppel*. Ab 1920 trat er bei Veranstaltungen der Berliner Dada-Gruppe auf und entwickelte unter dem Einfluss von George Grosz eine künstlerische Form der politischen Fotomontage, für die er bis heute berühmt ist. Das hier abgebildete, von ihm für die Reichstagswahl 1928 gestaltete Wahlplakat der KPD ist typisch für die damals von der Partei favorisierte, als »Dominanz der Geste« beschriebene Ästhetik, bei der »der Riese Proletariat« auf einzelne agierende, meist bildfüllend dargestellte Gliedmaßen reduziert wurde, um so für eine besonders expressive Dynamik zu sorgen. Es ist aber auch besonders eindringlich, weil hier die persönliche Emotion durchscheint: Heartfield war für das Plakat vor ein Fabriktor gegangen und hatte Arbeiterhände fotografiert, aus denen er dann dieses Motiv auswählte. Für die damalige Zeit war eine solche Gestaltung kühn – weil man diese reduzierte Darstellung nicht auf einem typischen Wahlplakat erwartete – und verständlich in der Aussage zugleich: Hier, signalisiert die Gestaltung, wird der Wähler anstelle des Politikers in den Mittelpunkt gestellt.

1933 flüchtete Heartfield vor den Nationalsozialisten zunächst nach Prag, dann fünf Jahre später über Paris nach London, wo er sich aktiv am Wiederstand gegen das NS-Regime beteiligte. 1950 kehrte er nach Deutschland zurück und lebte in der DDR. Er arbeitete als freischaffender Künstler für verschiedene Theater und Verlage, erhielt 1960 eine Professur an der Berliner Kunstakademie und starb am 26. April 1968 in Ost-Berlin.

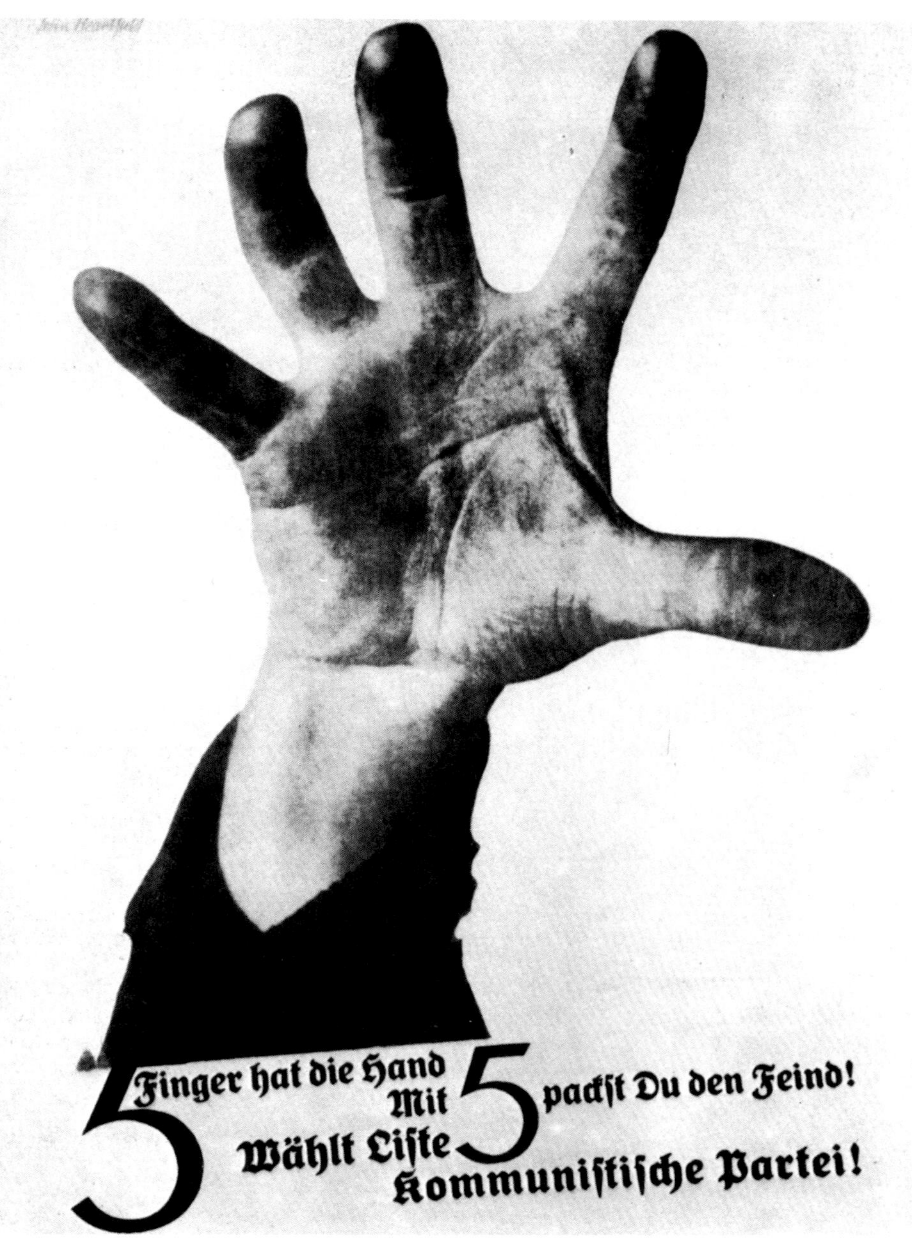

☒ John Heartfield, 1928
Fünf Finger hat die Hand
Wahlplakat

THE REAL EMPIRES OF EVIL

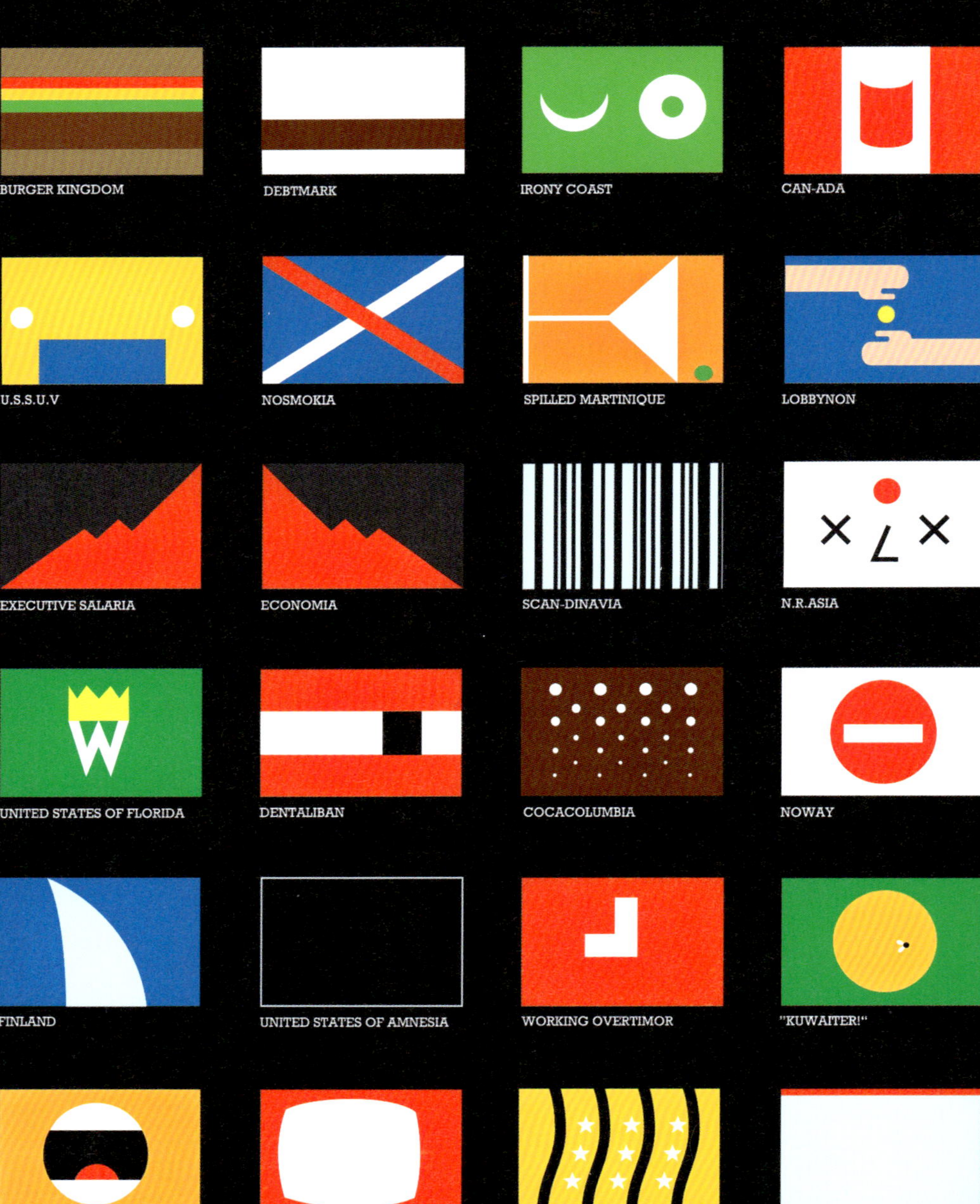

WITZ UND IRONIE

Lachmuskeln aktivieren

Niemand lacht über einen schlechten Witz. Aber wer kann schon erklären, was einen guten Witz ausmacht? Christoph Niemann, einer der angesehensten und meistbeschäftigten Illustratoren und Grafikdesigner der Welt, sollte es eigentlich wissen. Er sagt: »Ich versuche, die Komödiantenregel zu beherzigen: Wenn der Leser lachen soll, darf man selber nicht lachen. Und je mehr man mit den Armen um sich schlägt, desto unwitziger wird der Witz meistens. Und ich versuche deshalb auch in meinen Zeichnungen, relativ ernst zu gucken, um mehr Platz für den Humor zu lassen«.

Nach seinem Studium an der Stuttgarter Akademie der Bildenden Künste zog der im Jahr 1970 in Waiblingen geborene Christoph Niemann nach New York, wo er rasch in den Olymp des Grafikdesigns aufstieg. Er gestaltet Cover für den New Yorker, die New York Times und das Time Magazine, für Wired oder das ZEITmagazin, kreiert Werbekampagnen, entwirft Poster für das MoMA, illustriert Texte wie Erich Kästners »Es gibt nichts Gutes. Außer: Man tut es«, produziert Apps und schreibt Kinderbücher wie das für den Deutschen Jugendliteraturpreis in der Kategorie Sachbuch nominierte Bilderbuch »Der Kartoffelkönig«. Inzwischen lebt er in Berlin-Mitte, arbeitet aber weiter vor allem für US-Kunden wie Amtrak, Citibank, Google und Nike und sagt über sich selbst, er sei nie sehr begabt, aber ehrgeizig gewesen: »Ehrgeiz ist auch eine Begabung: die Begabung irgendwo dran zu bleiben. Mir ist nie was zugeflogen. Die Sachen klappen nie beim ersten Versuch. Sondern immer beim 130. Und die Frage ist immer: Hat man die Geduld, bis zum 130. Versuch am Schreibtisch sitzen zu bleiben, und wenn man das Begabung nennt, dann bin ich begabt.«

Tatsächlich ist Christoph Niemann nicht nur eine Ausnahmebegabung, sondern in seinem mit vielen Preisen bedachten Schaffen so vielseitig, dass ihm das Wiener Museum für Angewandte Kunst (MAK) 2015 schon deshalb eine Werkschau widmete, um einen Gesamtüberblick zu ermöglichen. Denn im ersten Moment würde man hinter Arbeiten wie der hier abgebildeten (mit den Nationalflaggen frei erfundener Regime), der kultigen »Streichelzoo«-App oder der mit Legosteinen gebauten Liebeserklärung an New York nicht denselben Urheber vermuten. Und doch erkannte Kathrin Pokorny-Nagel, die Kuratorin seiner Werkschau im MAK, einen unsichtbaren roten Faden, der Niemanns Werk verbindet: das »Lustgefühl«, wenn man seine Sachen sieht – »der Witz, die Ironie, die ungewöhnliche Herangehensweise«. Immer aber gilt es bei Christoph Niemann, genauer, auch zwei- und dreimal hinzusehen. Denn der (grafische wie intellektuelle) Witz steckt auch in seinen Arbeiten meist im Detail.

⊠ Christoph Niemann, 2013
The Real Empires of Evil

GLOSSAR

Antiqua Eine Vielzahl von Schriftarten und -bildern mit ► Serifen aus dem Italien des 15. Jahrhunderts.

Art déco Von einer 1925 in Paris stattgefundenen Ausstellung für Kunstgewerbe (französisch: *arts décoratifs*) abgeleitete Stilbezeichnung für Kunsthandwerk und Malerei zwischen 1920 und 1940, bei der die dekorativen Elemente des ► Jugendstils mit den geometrischen Formen und der Abstraktion des Modernismus kombiniert werden.

Avantgarde Bezeichnung für progressive Gruppen, Bewegungen und Methoden in Kunst und Design, die die jeweils vorherrschende Praxis infrage stellen.

Ausstanzungen Drucktechnik, bei der mittels einer Stanzform Formen, Linien oder Buchstaben aus Papier gestanzt werden.

Axialität Die Anordnung mehrerer Designelemente wie Fotos oder Text so zueinander, dass ihre Kanten (links, rechts, oben, unten) oder Mittelachsen (horizontal, vertikal) eine Referenzlinie bilden, die häufig Teil des Seitenlayouts ist. Zudem versteht man darunter die Anordnung von Schrift innerhalb eines Textblocks (links- oder rechtsbündig, »auf Mittelachse« oder als – auf beiden Seiten bündig gesetzter – Blocksatz).

Balance Das harmonische (optisch ausgewogene) Zusammenspiel aller Designelemente – Formen, Proportionen, Strukturen, Farben und Größen – eines ► Layouts.

Barock Europäische Kunstepoche des 17. und 18. Jahrhunderts. Typisch dafür sind kraftvolle, verschwenderisch gestaltete Formen, pathetischer Ausdruck und die Aufhebung der Grenzen zwischen Baukunst, Bildnerei und Malerei.

Bauhaus Von dem Architekten Walter Gropius geprägter Begriff für eine 1919 in Weimar gegründete, bis zur Schließung durch die Nationalsozialisten 1933 an wechselnden Standorten in Deutschland existierende Hochschule für Gestaltung. Charakteristisch für das vom Bauhaus favorisierte, die Funktionalität betonende Grafikdesign sind schlichte, geometrische Formen. Bei Layouts, Fotografien und Fotomontagen wählte man fast ausschließlich Schriftarten ohne ► Serifen, meist an schweren Linien und strengen Satzspiegeln ausgerichtet. Schwarz, Weiß und Grau waren die vorherrschenden Farben, wobei häufig mit ► Primärfarben Akzente gesetzt wurden.

Beihefter Sonderdrucke, die auf die gebundenen Seiten geklebt oder anderweitig mit ihnen verbunden werden.

Bildzeichen Ein grafisches Zeichen, das nach dem aussieht, wofür es steht (beispielsweise eine Zigarette als Zeichen für eine Raucherzone).

Branding (Markenbildung) Strategische Abgrenzung eines Angebots (Produkt, Dienstleistung, Interaktion, Erfahrung etc.) von dem der Konkurrenz. Voraussetzung dafür ist auf visueller Ebene u.a. eine global einheitliche Bildsprache (► Logo, Schrifttype, Hausfarben etc.).

Clipart Sowohl gedruckt als auch im digitalen Format verfügbare Illustrationen für die Gestaltung von ► Layouts.

CMYK Abkürzung für die im Vierfarbdruck verwendeten Farben Cyan, Magenta, Gelb, Schwarz.

Collage Technik, bei der man digitale oder physische Elemente in oft ungewohnter Art und Weise zu einer neuen Darstellung zusammenfügt. Der Name leitet sich vom französischen *coller* (zu *colle*: Leim) ab.

Dada/Dadaismus Eine vom neutralen Boden der Schweiz ausgehende internationale literarisch-künstlerische Bewegung, bei der in Abgrenzung zu sinnentlehrten bürgerlichen Konventionen der Zeit die absolute Freiheit der künstlerischen Produktion sowie ein konsequenter Irrationalismus in der Kunst proklamiert wurden. Erstes Zentrum dieser revolutionären Bewegung war

das auch als Ausstellungslokal dienende, 1916 in Zürich gegründete Cabaret Voltaire.

Einband Sammelbegriff für die verschiedenen Verfahren (Spiral-, Klebebindung, Fadenheftung etc.), die Seiten eines Buches, Magazins, einer Broschüre oder anderer mehrseitiger gedruckter Publikationen zusammenzuhalten.

Emoji Schriftbildzeichen, die beim ditigalen Informationsaustausch längere Begriffe ersetzen.

Emoticon Kombination verschiedener auf einer Computertastatur vorhandener Zeichen, mit der etwa in einer E-Mail oder einem Chat eine Gefühlsäußerung (»Smiley«) visualsisiert werden kann.

Expressionismus Im Gegensatz zum (Natur durch ein Temperament sehenden) ▸ Impressionismus stehende Stilrichtung der Literatur, bildenden Kunst und Musik besonders im Anfang des 20. Jahrhunderts, deren Grundzug der gesteigerte Ausdruck (französisch: *expression*) des Geistig-Seelischen ist. Letzteres sollte das Primäre, die Natur das Sekundäre sein.

Instagram Digitale App zum Teilen von Fotos in den sozialen Medien und Netzwerken.

Farbe Mit dem Auge wahrnehmbare, auf der verschiedenartigen Reflexion und Absorption von Licht beruhende Erscheinungsweise der Dinge. Die drei Grundbestandteile einer Farbe sind der ▸ Farbton, die ▸ Sättigung und ihre Leuchtdichte (auch Farbwert genannt).

Farbkanäle Die digitalen Informationen bezüglich der relativen Anteile der drei (▸ RGB) oder vier (▸ CMYK) Grundfarben, die Farbbilder darstellen. Jeder Kanal fungiert wie ein Graustufenbild, in dem die grauen Farbwerte durch Farbwerte einer Grundfarbe ersetzt wurden. Das finale Bild wird sowohl auf dem Bildschirm als auch im Druck durch die Zusammenführung aller Kanäle eines bestimmten Farbmodells erzeugt.

Farbkreis Das Farbspektrum in kreisförmiger Darstellung. Der gebräuchlichste Farbkreis hat als Basis die Grundfarben Rot, Gelb und Blau, die in gleichmäßigen Abständen auf dem Kreis verteilt sind. Rot, Gelb und Blau sind reine Farben; sie können nicht durch das Mischen von anderen Farben erzielt werden, ergeben aber in verschiedenen Anteilen zusammengemischt alle weiteren Farben des Farbkreises.

Farbmodell Ein System, Farbe nur durch einzelne Farbkomponenten genauestens zu definieren, die richtig abgestimmt ein breites Farbspektrum bilden können. Die beiden gängigsten Farbmodelle sind ▸ RGB und ▸ CMYK.

Farbton Die Grundcharakteristik einer Farbe entsprechend ihrer spezifischen Wellenlänge im Lichtspektrum, die dazu dient, eine Farbe von einer anderen zu unterscheiden. Der Farbton hängt mit der relativen Position einer Farbe auf dem ▸ Farbkreis zusammen.

Flattersatz Die unregelmäßige Kontur zwischen einem Textblock und dessen Seitenrändern als Ergebnis unterschiedlicher Zeilenlängen. Bei linksbündigem Text »flattert« dieser entlang des rechten Seitenrands; bei rechtsbündigem Text entlang des linken Seitenrands.

Fotogramm Ein fotografisches Bild, das ohne Kamera hergestellt wird, indem man Objekte direkt auf lichtempfindliches Material legt.

Fotomontage Prozess, bei dem eine fotografische Komposition durch die Zusammenstellung mehrerer Elemente anderer Fotos erstellt wird. Die fertige Fotomontage entsteht durch Ausschneiden und Aufkleben bzw. Einfügen (im wörtlichen Sinn oder mithilfe digitaler Bildbearbeitungssoftware). Handgemachte Fotomontagen können nach ihrer Fertigstellung auch abfotografiert werden, um den Eindruck zu erwecken, es handele sich um ein einziges »echtes« Foto.

Fraktur Um die Mitte des 15. Jahrhunderts von deutschen Druckern entwickelte Druckschrift mit gebrochenen Linien, mit denen man die Handschriften der damaligen Schriftgelehrten imitierte.

Futurismus Eine von Italien ausgehende literarische, künstlerische und politische Bewegung des beginnenden 20. Jahrhunderts, die einen radikalen Bruch mit der Tradition forderte. Typisch für den Einfluss des Futurismus auf das Grafikdesign ist die Verwendung optisch beeindruckender Schriftzüge. So werden verschiedene Schriftbilder in vielen Schriftgraden teils in skurrilen Winkeln oder ganz verzerrt gesetzt, wobei fette und kursive Schriften im Layout Schwerpunkte anzeigen.

Grotesk Eine aus der ▸ Antiqua abgeleitete (nichtproportionale) Schriftartenfamilie ohne Serifen, bei der die Strichstärke der Buchstaben (fast) gleichmäßig ist.

Ideogramm Schriftzeichen, das (beispielsweise im Chinesischen, bei Hieroglyphen oder in der Keilschrift) einen ganzen Begriff bildhaft darstellt.

Illustration Im weitesten Sinne jede bildliche Darstellung zur anschaulichen Ergänzung eines Textes.

Impressionismus Ende des 19. Jahrhunderts entstandene Stilrichtung der bildenden Kunst, der Literatur und der Musik, deren Vertreter individuelle Umwelteindrücke und Stimmungen besonders in kleineren künstlerischen Formen (Skizzen, Einaktern, Tonmalereien) wiedergeben.

Initiale Dekorativer Großbuchstabe, der als Anfangsbuchstabe (Initiale) des ersten Wortes eines Absatzes meist in größerem Schriftgrad, manchmal auch in einer anderen Schriftfahrt oder Farbe als der umstehende Text gesetzt wird.

Jugendstil (franz. *Art Nouveaux*) Zwischen den 1880er-Jahren und dem Ausbruch des Ersten Weltkriegs in großen Teilen Europas – für kurze Zeit auch in den USA – vorherrschender, höchst dekorativer Stil in Architektur und Design mit organischen, kurvenreichen Formen.

Komplementärfarben ▸ Farben, die sich auf dem ▸ Farbkreis gegenüberliegen. Sie werden auch Kontrastfarben genannt.

Konstruktivismus Bewegung und Stilrichtung in Kunst und Design, die sich in Russland aus der Revolution von 1917 heraus entwickelte und den Gedanken der »Kunst um der Kunst willen« zu Gunsten einer Kunst ablehnte, die einem gesellschaftlichen Zweck dienen sollte. Charakteristisch dafür sind abstrakte geometrische Formen, fette Schriften und Layouts ohne die üblichen horizontalen/vertikalen Richtlinien sowie eine häufig auf Rot, Schwarz und Weiß beschränkte Farbpalette.

Kubismus Bezeichnung für eine im frühen 20. Jahrhundert entstandene Richtung der modernen Malerei, die beeinflusst von der damals neu entdeckten afrikanischen Kunst die Naturformen (inklusive der menschlichen Gestalt) als Komposition geometrischer (kubischer) Formen darstellt (lat. *kubus* = Würfel).

Lackierung Durchsichtige Beschichtung, die als Teil des Druckprozesses in der Regel dann auf den Papierbogen aufgetragen wird, wenn die Farbe gedruckt ist. Dient als Schutz vor Verschleißerscheinungen, hat aber auch den Vorteil, damit auf der ganzen Seite (Gesamtlackierung) oder auch nur an bestimmten Stellen (Teillackierung) verschiedene Glanzeffekte (von matt bis hochglänzend) erzeugen zu können.

Laserschnitt Verfahren, bei dem Papierbögen, Holz, Plastik und selbst einige Metalle mithilfe eines computergesteuerten Hochleistungslasers höchst präzise an- oder durchgeschnitten werden.

Layout Vorbereitender Schritt innerhalb des Designprozesses, der die Anordnung verschiedener Designelemente wie Schrift, Fotos und Illustrationen so darstellt, dass das gewünschte Ergebnis nachvollzogen werden kann. Auch: Die Gesamtgestaltung eines fertigen Designs.

Leuchtdichte Die relative Helligkeit oder Dunkelheit einer Farbe (wird auch als Farbwert oder Farbtiefe bezeichnet).

Logo Grafisches Zeichen als Teil der Markenbildung (▸ Branding) eines Unternehmens.

Mnemonisch Im Gedächtnis bleibende Komponente eines ansonsten gewöhnlichen Designs wie die parallelen Linien des von Paul Rand gestalteten IBM-Logos.

Moderne Oberbegriff für eine grundlegende Veränderung in Kunst und Design Anfang bis Mitte des 20. Jahrhunderts, deren Anfänge oft im ▸ Kubismus und seinem Drang nach Abstraktion und der damit einhergehenden Ablehnung natürlicher Formen verortet werden.

Offsetdruck Ein indirektes Flachdruckverfahren, bei dem ein eingefärbtes Bild zunächst auf ein Gummituch übertragen und erst danach auf die Druckoberfläche aufgetragen wird.

Op-Art Moderne, auf illusionistisch-dekorative Effekte abzielende Kunstrichtung mit geometrischen Abstraktionen in hart konturierten Farben.

Pica Kleinste typografische Maßeinheit (12 ▸ Punkte). 1 Pica-Punkt entspricht 0,35147 mm. 1 Pica ist dementsprechend 4,2176 mm breit.

Piktogramm Ein ▸ Bildzeichen oder ▸ Symbol, dessen Bedeutung unabhängig von sprachlichen oder kulturellen Barrieren verstanden wird.

Pixel Grundkomponente zur Darstellung von Bildern auf einer Vielzahl digitaler Anzeigegeräte.

Pop-up Aufwendiger Spezialeffekt im Druck, bei dem flache Elemente auf einer Seite herausspringen und räumlich erscheinen, wenn die Doppelseite aufgeschlagen wird.

Prägung Drucktechnik, bei der erhabene Formen, Linien oder Buchstaben in das Papier geprägt werden.

Primärfarben ▸ Farben, die gleichmäßig angeordnet die Schlüsselpunkte eines Farbkreises

bilden. Im traditionellen Farbkreis, der zur Vermischung von Farbpigmenten dient, sind die dies die Farben Rot, Blau und Gelb.

Proportionalschrift ►Schrift, bei der die Breite jedes Schriftzeichens unterschiedlich groß ist.

Punkt Absolute Maßeinheit in der ►Typografie. Ein Punkt entspricht etwa 0,349 mm. Die Punktgröße bezieht sich auf den in Punkten angegebenen Schriftgrad einer Schrift. Obwohl sie eine absolute Maßeinheit ist, variiert die tatsächliche Schriftgröße von Schriftart zu Schriftart. Das liegt daran, dass die Punktgröße ursprünglich nicht anhand der Schriftzeichengröße festgelegt wurde, sondern anhand der Bleiblöcke, zu denen die Schriftzeichen gegossen wurden.

Rebus (Bilderrätsel) Darstellung, bei der Bilder Worte oder Teile von Worten ersetzen.

Renaissance Von Italien ausgehende kulturelle Bewegung in Europa im Übergang vom Mittelalter zur Neuzeit, deren Rückbesinnung auf Werte und Formen der griechisch-römischen Antike in Kunst und Architektur zu einer Einfachheit und Klarheit der Formen wie der Linienführung führte.

RGB Abkürzung für Rot, Grün und Blau – die drei Farben der Bildschirmdarstellung von Computern und anderen digitalen Geräten.

Rokoko Im 18. Jahrhundert aus dem ►Barock hervorgegangener, durch zierliche, beschwingte Formen und eine weltzugewandte, so heitere wie empfindsame Grundhaltung gekennzeichneter Stil der europäischen Kunst (auch der Dichtung und Musik). Das Wort leitet sich ab vom französischen *rocaille*, dem für die Ornamentik des Stils typischen »Grotten- und Muschelwerk«.

Sachplakat Vereinfachte, aber wirkungsvolle Werbeplakate, die nur den Produktnamen und eine stilisierte Abbildung des Produkts enthalten.

Sättigung Die Reinheit einer ►Farbe in Relation zu ihrem Grauanteil.

Satz/setzen Anordnung von Schriftzeichen für den Druck und/oder das Lesen am Bildschirm.

Schrift Zeichen, die in einer absichtlichen Reihe so angeordnet sind, dass sie entweder gedruckt oder auf dem Bildschirm gelesen werden können.

Schuber In der Buchherstellung das äußere Schutzbehältnis, in das ein Buch geschoben wird.

Schweizer Stil (Swiss Style) Nach dem Zweiten Weltkrieg an den Designschulen in Zürich und Basel entwickelter grafischer Stil (auch Internationaler typografischer Stil oder Internationaler Stil genannt) mit streng funktionalverständlichen, auf mathematischen Rastern basierenden Kompositionsregeln.

Sekundärfarben Mithilfe gleicher Anteile zweier Primärfarben gemischte Farben (Orange, Lila, Grün).

Serifen (von lateinisch *scribere*: schreiben) Kleine An- und Abschlusstriche an Kopf und Fuß der Buchstaben von ►Antiquaschriften, die vor allem bei geringen Schriftgrößen eine bessere Leserlichkeit bewirken.

Siebdruck Druckverfahren, bei dem die Tinte durch ein feines Sieb auf das zu bedruckende Material wie Papier oder Stoff gedrückt wird.

Surrealismus Nach dem Ersten Weltkrieg in Paris entstandene Richtung der Modernen Kunst und Literatur, die – ausgehend von der Lehre Sigmund Freuds – das Unbewusste als Ausgangsbasis künstlerischer Produktion ansieht und auf die Darstellung des Traumhaft-Unwirklichen abzielt.

Symbol Ein grafisches Zeichen, das für etwas anderes steht, als es zeigt (beispielsweise ein rotes Herz im übertragenen Sinn für die Liebe).

Tertiärfarben Aus der Kombination von ►Primär- und ►Sekundärfarben entstehende Farben.

Typografie Kunst der harmonischen Gestaltung von Druck-Erzeugnissen nach ästhetischen Gesichtspunkten; vor allem die Gestaltung der verschiedenen Schriftarten.

Vektorgrafik Ein mithilfe mathematisch definierter Gebilde (statt durch die Anordnung von Punkten erzeugtes) digitales Bild, das auch stark vergrößert werden kann, ohne dass die Auflösung darunter leidet.

Viktorianischer Stil Ein dekorativ-pompöser, nach der englischen Königin Victoria benannter Stil der Architektur und des Designs, der seinen Ursprung in England hatte und sich zwischen 1820 und 1900 in weiten Teilen Europas und Amerikas großer Beliebtheit erfreute.

Weißraum Allgemeine Bezeichnung für die leer bleibenden Flächen eines Layouts, unabhängig davon, ob diese tatsächlich weiß sind oder nicht. In einem gut strukturierten Design sind diese Flächen – bzw. die Harmonie zwischen bedruckter und unbedruckter Fläche – genauso wichtig wie die übrigen Designelemente.

WEITERFÜHRENDE LITERATUR

GRAFIKDESIGN ALLGEMEIN

Albers, Josef. *Interaction of Color* (50th Anniversary Edition, New Haven & London: Yale University Press 2013).

Albrecht, Donald, Ellen Lupton und Steven Holt. *Design Culture Now: National Design Triennial* (New York: Princeton Architectural Press, 2000).

Ambrose, Gavin/Harris, Paul. *Grundlagen des Grafikdesigns* (München: stiebner, 2009).

Ambrose, Gavin/Harris, Paul. *Grundlagen der Typografie* (München: stiebner, 2007).

Anderson, Gail. *Outside the Box: Hand-Drawn Packaging from Around the World* (New York: Princeton Architectural Press, 2015).

Bass, Jennifer und Pat Kirkham. *Saul Bass: A Life in Film and Design* (London: Laurence King Publishing, 2011).

Becker, Katja M. und Stephanie Podobinski (Hg.). *Young German Design. Fresh Ideas in Graphic Design* (Berlin: DOM Publishers, 2008)

Bierut, Michael, William Drenttel, Steven Heller und D.K. Holland (Hg.). *Looking Closer: Critical Writings on Graphic Design* (New York: Allworth, 1994).

Blackwell, Lewis (Hg.) *The End of Print: The Graphic Design of David Carson* (San Francisco: Chronicle Books, 1996).

Bringhurst, Robert. *The Elements of Typographic Style* (Vancouver: Hartley & Marks, 2004).

Dabner, David. *Das Grafikdesign-Buch: Grundlagen und Übungen.* (München: stiebner, 2006).

Dabner, David und Calvert, Sheena. *Grafikdesign-Kurs: In acht Lektionen zum Erfolg.* (München/Grünwald: stiebner, 2010.

Donnelly, Daniel. *999 Logodesign-Elemente: 999 Designkomponenten für Ihr perfektes Logo* (mit CD, München: stiebner, 2011).

Elam, Kimberly. *Grid Systems: Principles of Organizing Type* (New York: Princeton Architectural Press, 2004).

Erler, Johannes (Hg.). *Hallo, ich bin Erik: Erik Spiekermann, Schriftgestalter, Designer, Unternehmer* (Berlin: Gestalten, 2014).

Fishel, Cathy. *Freelance Design Handbuch* (München: stiebner, 2013).

Helfland, Jessica. *Screen: Essays on Graphic Design, New Media, and Visual Culture* (New York: Princeton Architectural Press, 2004).

Heller, Steven und Gail Anderson. *Typographic Universe* (London/New York: Thames & Hudson, 2014).

Heller, Steven und Véronique Vienne. *100 Ideas That Changed Graphic Design* (London: Laurence King Publishing, 2012).

Heller, Steven und Seymour Chwast. *Graphic Style: From Victorian to Digital* (New York: Harry N. Abrams, 2001).

Heller, Steven. *Graphic Style Lab* (Boston: Rockport Press, 2015).

Heller, Steven. *Paul Rand* (London: Phaidon Press, 1999).

Heller, Steven und Véronique Vienne. *Becoming a Graphic and Digital Designer* (New York: Wiley & Sons, 2015).

Heller, Steven und Louise Fili. *Stylepedia: A Guide to Graphic Design Mannerisms, Quirks, and Conceits* (San Francisco: Chronicle Books, 2006).

Heller, Steven und Louise Fili. *Typology: Type Design from the Victorian Era to the Digital Age* (San Francisco: Chronicle Books, 1999).

Heller, Steven and Mirko Ilic. *The Anatomy of Design: Uncovering the Influences and Inspirations in Modern Graphic Design* (Rockport, MA: Rockport, 2007).

Heller, Steven. *The Education of a Typographer* (New York: Allworth, 2004).

Heller, Steven. *Handwritten: Expressive Lettering in the Digital Age.* New York/London: Thames & Hudson, 2004).

Heller, Steven. *Design Literacy: Understanding Graphic Design* (New York: Allworth, 2014).

Hensel, Daniela. *Understanding Branding: Strategie- und Designprozesse verstehen und anwenden* (Grünwald/München: stiebner, 2015)

Hollis, Richard. *Graphic Design: A Concise History* (World of Art series, 2. Aufl., New York/London: Thames & Hudson, 2001).

Kries, Mateo. *Totel Design. Die Inflation moderner Gestaltung.* (Berlin: nicolai, 2010)

Lipton, Ronnie. *The Practical Guide to Information Design* (New York: John Wiley & Sons, Inc., 2007).

Lupton, Ellen. *How Posters Work* (New York: Cooper Hewitt, Smithsonian Design Museum, 2015).

Lupton, Ellen. *Thinking with Type: A Critical Guide for Designers, Writers, Editors and Students* (New York: Princeton Architectural Press, 2004).

Martin, Bella und Hanington, Bruce. *Designmethoden – 100 Recherchemethodenund Analysetechniken für erfolgreiche Gestaltung.* (München: stiebner, 2013).

Müller, Jens. *Logo Modernism.* (Köln: Taschen, 2015)

Munari, Bruno. *Design as Art* (New York: Penguin, 2008).

Pipes, Alan. *Zeichnen für Designer* (München: stiebner, 2008).

Poynor, Rick. *No More Rules: Graphic Design and Postmodernism* (New Haven, CT: Yale University Press, 2003).

Rand, Paul. *Thoughts on Design* (San Francisco: Chronicle Books, 2014).

Sagmeister, Stefan und Peter Hall. *Made You Look* (New York: Booth-Clibborn, 2001).

Samara, Timothy. *Grafikdesign. Theorie, Konzept, Realisierung* (München: stiebner, 2009).

Samara, Timothy. *Grafikdesign Praxis. Ein Leitfaden zum Erfolg* (München: stiebner, 2008).

Scott, Witham. *Großes Grafikdesign mit kleinem Budget. Planung, Quellen, Designprozess, Veredelung* (München: stiebner, 2011)

Shaughnessy, Adrian. *How To Be a Graphic Designer Without Losing Your Soul* (New York: Princeton Architectural Press, 2005).

Sherin, Aaris. *Grafikdesign nachhaltig. Ein Handbuch über Materialien und Herstellungsverfahren für Grafikdesigner und deren Kunden* (München: stiebner, 2009).

Sinclair, Mark. *TM: Die Geschichte hinter 29 Logo-Klassikern* (München: stiebner, 2015).

Thorgerson, Storm und Aubrey Powell. *100 Best Album Covers* (London/New York/Sydney: Dorling Kindersley, 1999).

Twemlow, Alice. *What is Graphic Design For?* (London: RotoVision, 2006).

Wachsmuth, Nicola/Gläser, Heike. *Editorial Design – Magazingestaltung: Der Leitfaden für Grafiker und Journalisten* (Grünwald/München: stiebner, 2015)

Wolf, Peter J. *Die Sprache des Grafikdesigns.* (Visuelles Wörterbuch, München: stiebner, 2010).

DIGITALES GRAFIKDESIGN

Ellison, Andy. *The Complete Guide to Digital Type: Creative Use of Typography in the Digital Arts* (London: Collins, 2004).

Goux, Melanie und James Houff. *On Screen In Time: Transitions in Motion Graphic Design for Film, Television and New Media* (London: RotoVision, 2003).

Greene, David. *Motion Graphics (How Did They Do That?)* (Rockport, MA: Rockport, 2003).

Greinus, Thorsten. *Branding to go: Digitale Markenführung* (München: stiebner, 2015).

Maeda, John. *Creative Code: Aesthetics and Computation* (London/New York: Thames & Hudson, 2004).

Moggridge, Bill. *Designing Interactions* (Cambridge, MA: M.I.T. Press, 2007).

Salen, Katie and Eric Zimmerman. *Rules of Play: Game Design Fundamentals* (Cambridge, MA: M.I.T. Press, 2003).

Solana, Gemma und Antonio Boneu. *The Art of the Title Sequence: Film Graphics in Motion* (London: Collins, 2007).

Wands, Bruce. *Art of the Digital Age* (London/New York: Thames & Hudson, 2007).

Woolman, Matt. *Motion Design: Moving Graphics for Television, Music Video, Cinema, and Digital Interfaces* (London: RotoVision, 2004).

PERSONEN- UND SACHWORT-VERZEICHNIS

DANKSAGUNG

Voller Respekt und Dankbarkeit verbeugen wir uns vor den früheren und gegenwärtigen Designern, die in diesem Buch vorgestellt werden. Sie sind exemplarisch auf ihrem Gebiet; ihre kollektive wie ihre individuelle Arbeit ist ein Vorbild für grandioses Grafikdesign.

Unser aufrichtiger Dank geht an unsere Verlegerin Sophie Drysdale, die uns eingeladen hat, dieses Buch zu schreiben und die es durch seine verschiedenen Entstehungsstadien geleitet hat. Dank auch an Jo Lightfoot und Felicity Maunder für ihre redaktionelle Unterstützung in der Endphase, an Peter Kent für seine Bildersuche und an Here Design und Alex Coco für das Designkonzept und das Layout.

Wir wissen die Unterstützung verschiedener Kollegen zu schätzen: Lita Talarico an der School of Visual Arts, MFA Designprogramm »Designer as Author + Entrepreneur« und Joe Newton und Betsy Mei Chun Lin von Anderson Newton Design.

Und wie immer geht ein riesengroßer Dank an unsere Familien: Louise Fili, Nick Heller, Gerry Anderson Arango und Mike Anderson. Vielen Dank, dass ihr uns auf diesem Weg bei Laune gehalten habt.

BILDNACHWEIS

11 Staatliche Museen zu Berlin. Photo: Jörg P. Unders © 2015. Photo Scala, Florence/bpk, Bildagentur für Kunst, Kultur und Geschichte, Berlin/© The Josef und Anni Albers Foundation/VG Bild-Kunst, Bonn und DACS, London 2015. **12** Photograph courtesy of Museum für Gestaltung, Zürich, poster collection. **15** David Drummond. **16** Photograph courtesy of Museum für Gestaltung, Zürich, poster collection. **19** Image courtesy Pentagram. **20** Photograph courtesy of Museum für Gestaltung, Zürich, poster collection. **23** Image courtesy the Xanti Schawinsky Estate. **24** Heritage Image Partnership Ltd/Alamy Stock Photo/© DACS 2015. **26** Digital image, The Museum of Modern Art, New York/Scala, Florence. **28** Image © Stankowski-Stiftung GmbH. **31** Courtesy Brody Associates. © The Coca-Cola Company. **35** Images courtesy Jessica Hische. Client: Penguin Books; Art Direction: Paul Buckley; Associate Publisher & Editorial Director: Elda Rotor. **36** Louise Fili. **39** Private collection. **40** Image courtesy Jonathan Barnbrook. **43** Image courtesy Sawdust. **44** From *Ladislav Sutnar: Visual Design in Action* (1961). Reproduced with permission of the Ladislav Sutnar family. **47** Image courtesy Pentagram. **48** The Herb Lubalin Study Center of Design und Typography/The Cooper Union. **51** By kind permission of the estate of Shigeo Fukuda. **53** Courtesy of the Alan Fletcher Archive. **54** Design: David Gray; photo: Junko Kimura; cover courtesy: Here! Media. **59** Designed by Fons Hickmann, Berlin. **60** Photograph courtesy of Museum für Gestaltung, Zürich, poster collection. **63** Rochester Institute of Technology, Library. **64** Design: Rex Bonomelli. **67** The Paul Rund Revocable Trust. **68** Courtesy Sagmeister & Walsh. **71** © DACS 2015. **72** Estate of Saul Bass. All Rights Reserved. **74** Image courtesy Control Group. **79** From *ZLOM* by Konstantin Biebl (1928), designed by Karel Teige. **81** Courtesy Peter Bankov. **83** Seymour Chwast/Pushpin Group, Inc. **84** Courtesy Marian Bantjes. **87** Private collection, London. **88** (oben) Image courtesy Shepard Fairey; (unten) Image courtesy John Van Hamersveld/Coolhous Studio. **91** Courtesy Copper Greene. **92** The Estate of Tibor Kalman. **95** Design by Art Chantry. **99** Gift of Clarissa Alcock Bronfman. Acc. No.: 998.2010. © 2015. Digital image, The Museum of Modern Art, New York/Scala, Florence. **100** Otto und Marie Neurath Isotype Collection, University of Reading/© DACS 2015. **103** © HfG-Archiv, Ulmer Museum, Ulm & by permission of Florian Aicher. **104** © Estate of Abram Games. **107** Designed by Steff Geissbuhler. **108** Art Direction und Design: Paul Sahre; Design: Tamara Shopsin. **111** Massin. **112** *The Gettin Place* by Susan Straight, published by Hyperion, 1995. Designer: Michael Schwab; Illustrator: Michael Schwab; Art Director: Victor Weaver; illustration/design © Michael Schwab Studio. **115** The Heartfield Community of Heirs/VG Bild-Kunst, Bonn und DACS London 2015. **116** Courtesy Christoph Niemann. Work commissioned by *Nozone magazine*, editor Nicholas Blechman.

Das vorliegende Buch garantiert Ihnen weder Transzendenz noch Innovation. Die Chancen für echte Innovation – also für etwas, das die Welt noch nie zuvor gesehen hat – stehen nämlich nicht sonderlich gut. Oder um es mit den Worten des US-amerikanischen, für seine Unternehmenslogos (IBM, UPS) berühmten Grafikdesigners Paul Rand zu sagen: »Es ist schwer genug, gut zu sein, zerbrechen Sie sich nicht den Kopf darüber, auch noch originell sein zu wollen.«

Was dieses Buch bietet, ist ein (zugegeben subjektiver) Leitfaden durch die verschiedenen Ideen, Ansätze und Themen, mit deren Hilfe 50 Meisterdesigner die Qualität und den Erfolg ihrer jeweiligen Arbeiten verbessert haben. Unser Ziel ist es, Ihnen anhand einer detaillierten Betrachtung der verschiedenen Aspekte großartigen Designs die wichtigsten Grundlagen für Ihr Handwerk zu vermitteln. Dabei geht es in erster Linie um Inspiration: Sie sollen die hier vorgestellten Beispiele kennen, nicht kopieren. Die dadurch vermittelten Techniken und Ideen können Ihnen sicher auf vielfältigste Weise Anregungen für die eigene Praxis geben. Und wenn sie Ihnen dann auch noch dabei behilflich sind, selbst großartiges Grafikdesign zu entwickeln – umso besser!

Steven Heller und Gail Anderson

#1
Experimentieren mit Design

#2
Mit Schrift und Bildern spielen

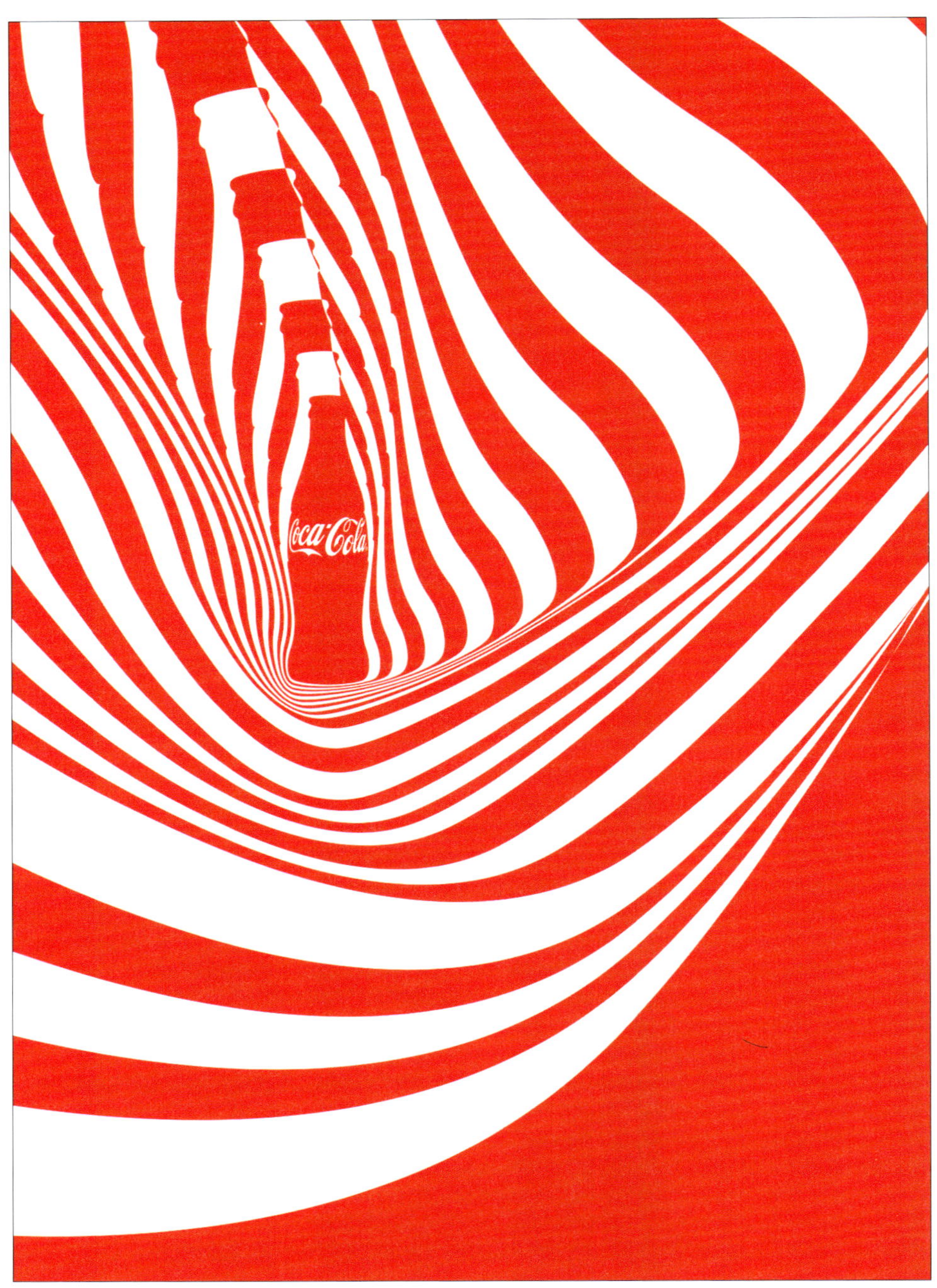

☒ Neville Brody, 2014
Plakat für Coca-Colas
Projekt *#MashupCoke*

IMPROVISATION

Thema mit Variation(en)

»Wenn eine Spezies nicht improvisieren kann, stirbt sie aus«: Dieser Satz stammt nicht zufällig von einem Musiker, dem britischen Gitarristen Derek Bailey nämlich, aber er lässt sich mühelos auf das grafische Metier übertragen. Und sogar variieren: Ohne Improvisation ist alles nichts.

Bei jedem guten Design geht es – in der Planungsphase genauso wie bei der Durchführung – letztlich darum, gestalterische Freiheiten zu nutzen. Um dafür im richtigen Moment »bereit« – sprich: kreativ – zu sein, braucht man eine hohe Dosis Improvisationsenergie. Anders ausgedrückt: die Bereitschaft, sich auf das von Paul Rand so genannte »Spiel-Prinzip« einzulassen, ohne das Kreativität gar nicht erst entstehen kann. Diese Bereitschaft – und Fähigkeit – sollte jeder gute Designer grundsätzlich mitbringen, sie lässt sich aber auch »trainieren« wie ein Jazzmusiker, der bei jedem Auftritt in der Improvisation über bestehende Themen (»Standards«) etwas Neues kreiert. Übertragen auf das Grafikdesign geben die großen Marken die Standards vor. Mit ihnen »herumzuspielen«, zu improvisieren, ist immer eine lohnende Herausforderung, der sich selbst die arriviertesten Meister stellen wie in diesem Fall der 1957 in London geborene Neville Brody, einer der produktivsten, innovativsten und einflussreichsten Grafiker der Welt.

Anlass zur Improvisation bot ihm in diesem Fall Coca-Cola, genauer: deren berühmte bauchige Flasche, die heute einen geradezu ikonengleichen Status hat. Zum 100. Geburtstag ihrer Einführung lud die Firma Kreative auf der ganzen Welt ein, das Motiv neu zu interpretieren. Einzige Vorgaben: Im Zentrum sollte die Flasche selbst stehen, und erlaubt waren nur drei Farben: »Coke Rot«, schwarz und weiß. Mehr als 130 Künstler aus 15 Ländern reichten insgesamt rund 250 Werke ein – ein Thema mit sehr vielen Variationen also. Aus diesen stellte man dann eine Ausstellung zusammen, die unter dem Titel »The Coca-Cola Bottle: An American Icon at 100« am Stammsitz der Firma in Atlanta gezeigt wurde.

Auch Neville Brody hielt sich, wie man hier sieht, an diese Vorgaben, »übertrieb« dabei aber die so genannte Coke-»Welle« so sehr, dass eine optisch fast hypnotisierende Wirkung entstand.

Eine gute Improvisationsübung für Grafikdesigner kann es sein, einfach die eigene Hand dabei zu beobachten, wie sie Ihre ungeordneten Gedanken zu Papier oder auf den Bildschirm bringt. Was als einfaches Gekritzel beginnt, nimmt in der Regel bald Gestalt an und entwickelt sich schließlich zu genauer ausgearbeiteten (oder auszuarbeitenden) Ideen. Oder Sie improvisieren wie hier Brody über ein vorgegebenes Motiv: Jede Form der Improvisation hält Hand, Auge und Geist geschmeidig – und hilft, Designprobleme kreativ zu lösen.

KONZEPTIONELLES DESIGN

Wenn eine Idee die Form bestimmt

Von einem »konzeptionellen Design« spricht man, wenn die ihm zugrunde liegende visuelle Idee die physische Form des Designs bestimmt. Weniger »Form follows function«, also, als »Form follows Idea«.

Sehr einfach lässt sich dieses Prinzip mit dem hier abgebildeten, 1972 entstandenen Werk des in Gelsenkirchen geborenen Anton Stankowski (1906–1998) illustrieren: Wir sehen einen vorwärts drängenden Pfeil innerhalb rückwärts strebender Pfeile. Auf den ersten Blick wirkt die Form wie ein Fischschwarm, der einem Anführer folgt – in diesem Fall Pfeil-Glyphen. Tatsächlich befinden sich die Glyphen aber im Rückzug, während eine Art »Anti-Held«, ein roter, von konformistischen schwarzen Pfeilen umgebener roter Pfeil, trotzig vorwärts strebt.

Stankowski, der auch das berühmte »Balken-Logo« für die Deutsche Bank entworfen hat, studierte – nach einer Malerlehre und Gesellenjahren als Dekorations- und Kirchenmaler – an der Essener Folkwangschule. Im Mittelpunkt seiner grafischen Arbeiten stand stets die klare Information. Es ging ihm um um eine eindeutige Ordnung der Inhalte, um eine unmittelbar erfassbare Information und um eine ausgewogene Balance zwischen der bildlichen Harmonie und der Wirkkraft seiner Arbeiten. In diesem Zusammenhang spricht man auch von einer »konstruktiven Grafik«.

Ab Mitte der 1970er-Jahre wandte sich Stankowski wieder vermehrt der Malerei zu. Viele seiner künstlerischen Arbeiten flossen auch in seine gebrauchsgrafischen Aufträge ein. Das entsprach seinem Credo, dass es keine Trennung zwischen freier und angewandter Kunst und Gestaltung geben sollte.

☒ Anton Stankowski, 1972
Aus dem Buch *Der Pfeil: Spiel, Gleichnis, Kommunikation*

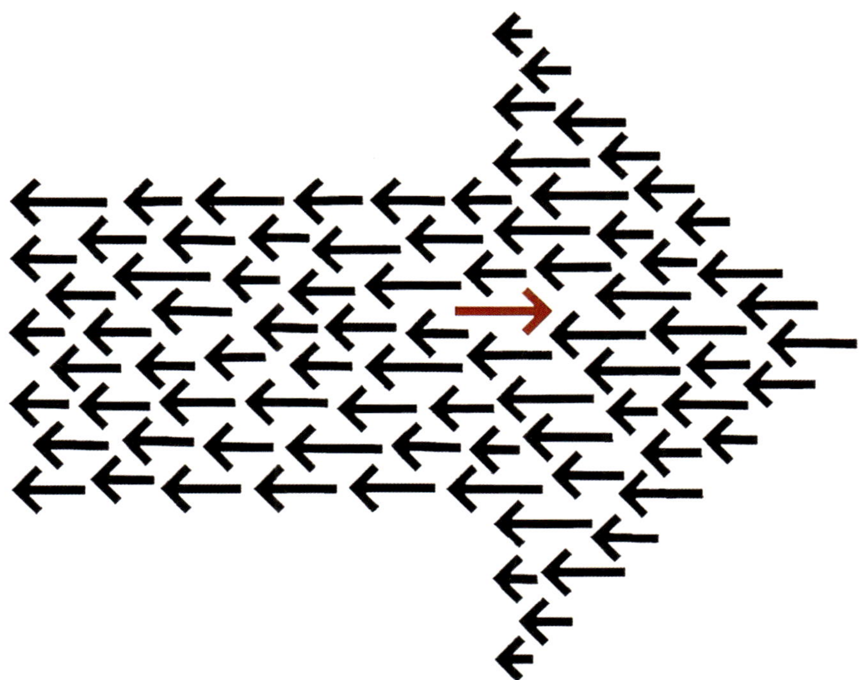

GRÖSSENVERHÄLTNISSE

Der Wert der Extreme

Die meisten Menschen empfinden das Kleine als »niedlich«. Sie ziehen Miniaturausgaben – bei Autos den Mini gegenüber dem Van, bei Tieren den Pudel gegenüber der Dogge – oft vor. Im Grafikdesign gilt dagegen häufig das Motto: »Make It Bigger«. So lautet auch der Titel eines Buches der 1948 in Washington geborenen Top-Designerin Paula Scher, die ihre Karriere als Grafikerin in der Kinderbuchabteilung des Verlags Random House begann und seit 1991 für das New Yorker Büro der »multidisziplinären Designagentur« Pentagram arbeitet, wo sie als erste Frau zur Partnerin aufstieg. Den Titel ihres Buches sollte man nicht allzu wörtlich nehmen, denn im Inhalt entlarvt sie den weit verbreiteten Mythos, größeres Design sei besseres Design, als Trugschluss. Was aber nichts daran ändert, dass der Kontrast zwischen einem sehr großen und einem sehr kleinen Maßstab etwas höchst Plakatives hat.

Das gilt auch für dieses Schweizer Tourismusplakat von 1935, ein Entwurf von Herbert Matter (1907–1984), dem es als in Europa wie in den USA arbeitenden Grafikdesigner gelang, die visuelle Klarheit (und Strenge) der Schweizer Schule seiner Heimat mit der US-amerikanischen Popkultur zu verbinden. Typisch für seine stets verblüffend direkt (und bis heute durchaus modern) wirkende Plakatgestaltung ist die Verbindung von aussagekräftiger Fotografie mit fetter Typografie. Bei diesem Beispiel kommt noch die Gegenüberstellung des »heldenhaft« vergrößerten Gesichts im Vordergrund und des kleinen, eine Piste hinab sausenden Skifahrers im Hintergrund hinzu. Dieser wohlüberlegt kontrastierende Einsatz einer Haupt- und Nebenfigur ist ein wiederkehrendes Motiv in Matters Werbeplakaten der 1930er-Jahre für das Fremdenverkehrsamt der Schweiz. Deren Erfolg beruht zu einem Großteil auf der Tatsache, dass die proportionale Größenverschiebung einen zweidimensionalen Raum dreidimensional erscheinen lässt, was den Betrachter als Beteiligten in diese virtuelle Umgebung mit »hineinzieht«. Zwei weitere Elemente sind ebenfalls Schlüssel für den Erfolg der Komposition: Die kühle Frische, von der die Farbpalette beherrscht wird, beschwört den kalten Winter auf den Skipisten herauf, während die radikale Größenverschiebung das Gebirge akzentuiert, in dem die Personen skifahren. Alle diese Faktoren spielen zusammen, um die Botschaft des Plakats auf bewundernswerte Weise zu verdeutlichen.

⊠ Herbert Matter, 1935
Pontresina
Werbeplakat

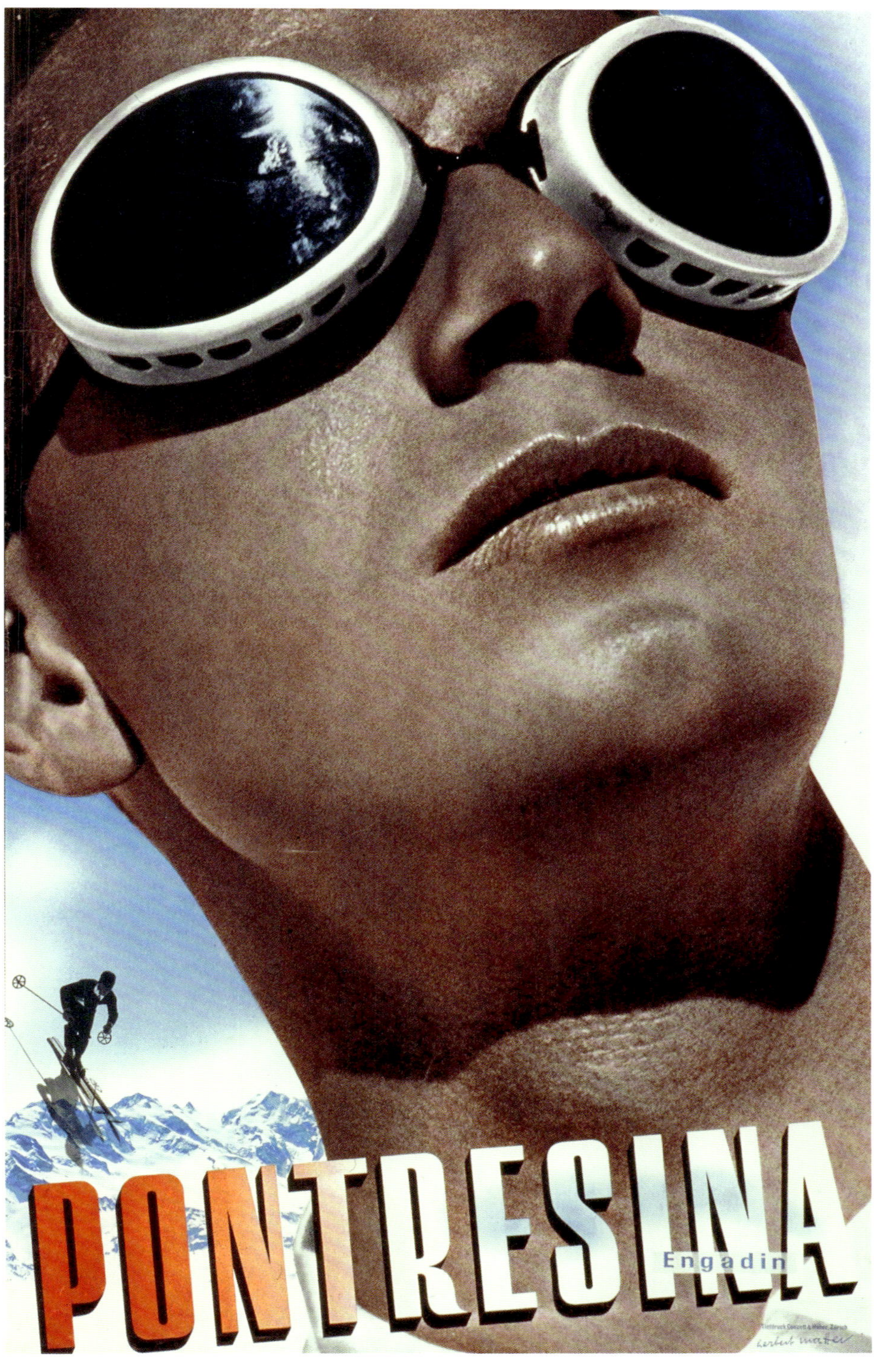
PONTRESINA
Engadin

PERSPEKTIVE

Einen visuellen Standpunkt kreieren

Grafikdesign ist im Wesentlichen flächig, also zweidimensional angelegt – wenn keine Illustrationen verwendet werden, die eine Anmutung von Höhe und Tiefe erzeugen. Um einen solchen optischen Effekt zu erzielen, braucht man einen perspektivischen Blickwinkel. Im Englischen wird dieser als »point of view« bezeichnet, was sich, durchaus treffend, auch als »Erzählperspektive« übersetzen lässt ...

Das hier zu sehende Filmplakat der beiden russischen Avantgarde-Designer Georgii und Vladimir Stenberg von 1929 für Dziga Vertovs Stummfilmklassiker *Der Mann mit der Kamera* erweckt eine dreidimensionale Illusion und wirkt zudem durch die gewählte Perspektive besonders dynamisch. Die riesigen, himmelwärts drängenden Wolkenkratzer leiten das Auge auf die stürzende Gestalt. Auch wenn deren Bewegung wie eingefroren wirkt – die Empfindung der Höhe und der unmittelbar drohende Sturz ergeben eine alptraumhafte Perspektive.

Der Mann mit der Kamera, als »Montagefilm« annonciert, ist »poetisches Experiment« und Dokument zugleich: Vertov hält darin den Tagesablauf einer sowjetischen Stadt in einer turbulenten Bildfolge fest. Immer wieder im Bild: der Mann mit der Kamera, der selbst ein Teil des Geschehens ist, das er dokumentiert.

Interessant am Bildaufbau des Plakats der Brüder Stenberg für den Film ihres Landsmanns ist, dass sie damit eine klassische Kameraperspektive verwenden, die (hier mit einer Untersicht kombinierte) Schrägsicht. Im Film vermittelt eine solche Perspektive einen irrealen, desorientierten Eindruck wie in einem Traum, erzeugt eine innere Unruhe und Spannung. Genau dieser Eindruck vermittelt sich auch beim Betrachten dieses Filmplakats.

⊠ Georgii and Vladimir Stenberg, 1929
Der Mann mit der Kamera
Filmplakat

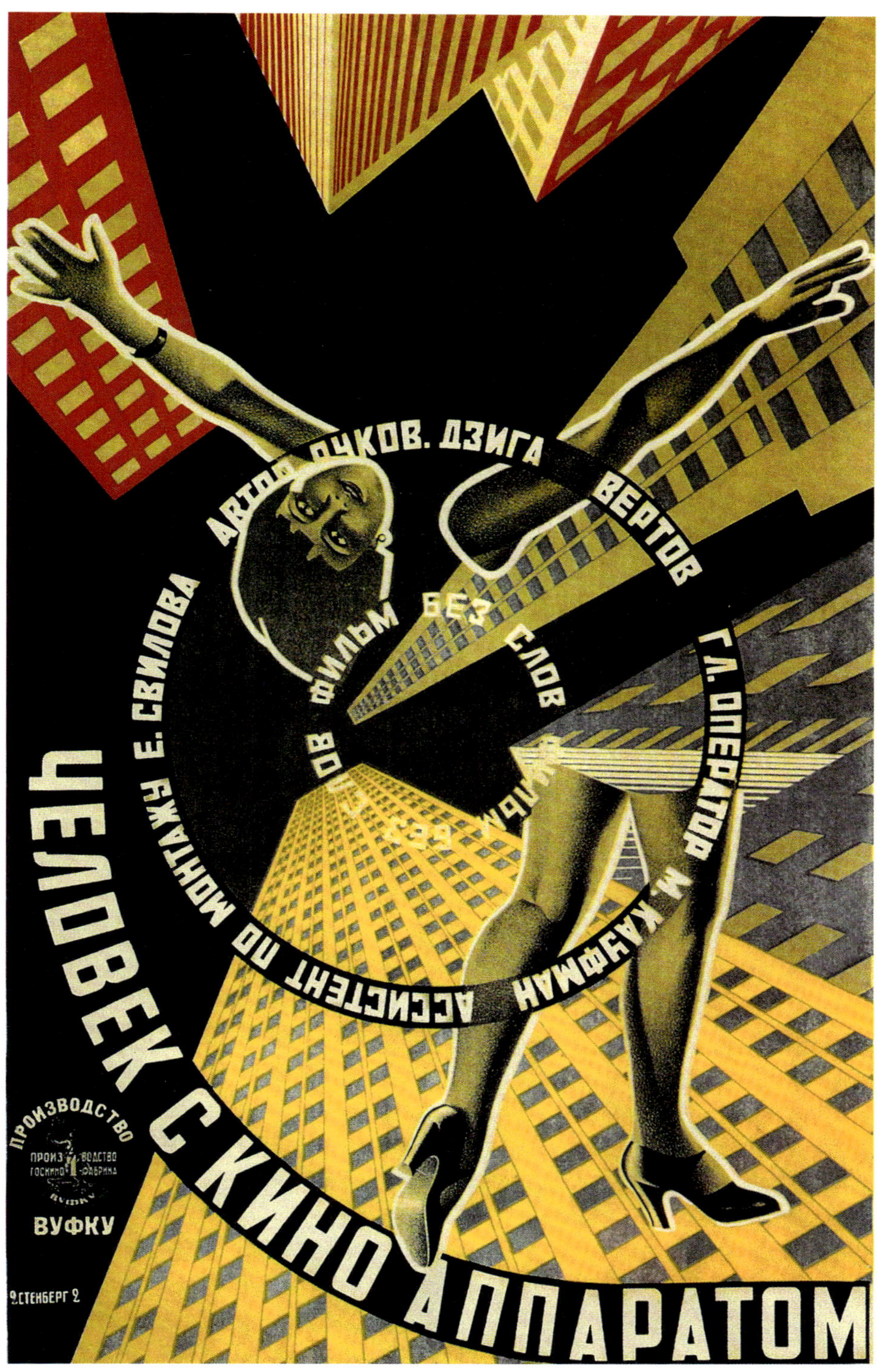
ЧЕЛОВЕК С КИНО АППАРАТОМ
ДЗИГА ВЕРТОВ
ГЛ. ОПЕРАТОР М. КАУФМАН
АССИСТЕНТ ПО МОНТАЖУ Е. СВИЛОВА
ФИЛЬМ БЕЗ СЛОВ
ПРОИЗВОДСТВО
ВУФКУ
2 СТЕНБЕРГ 2

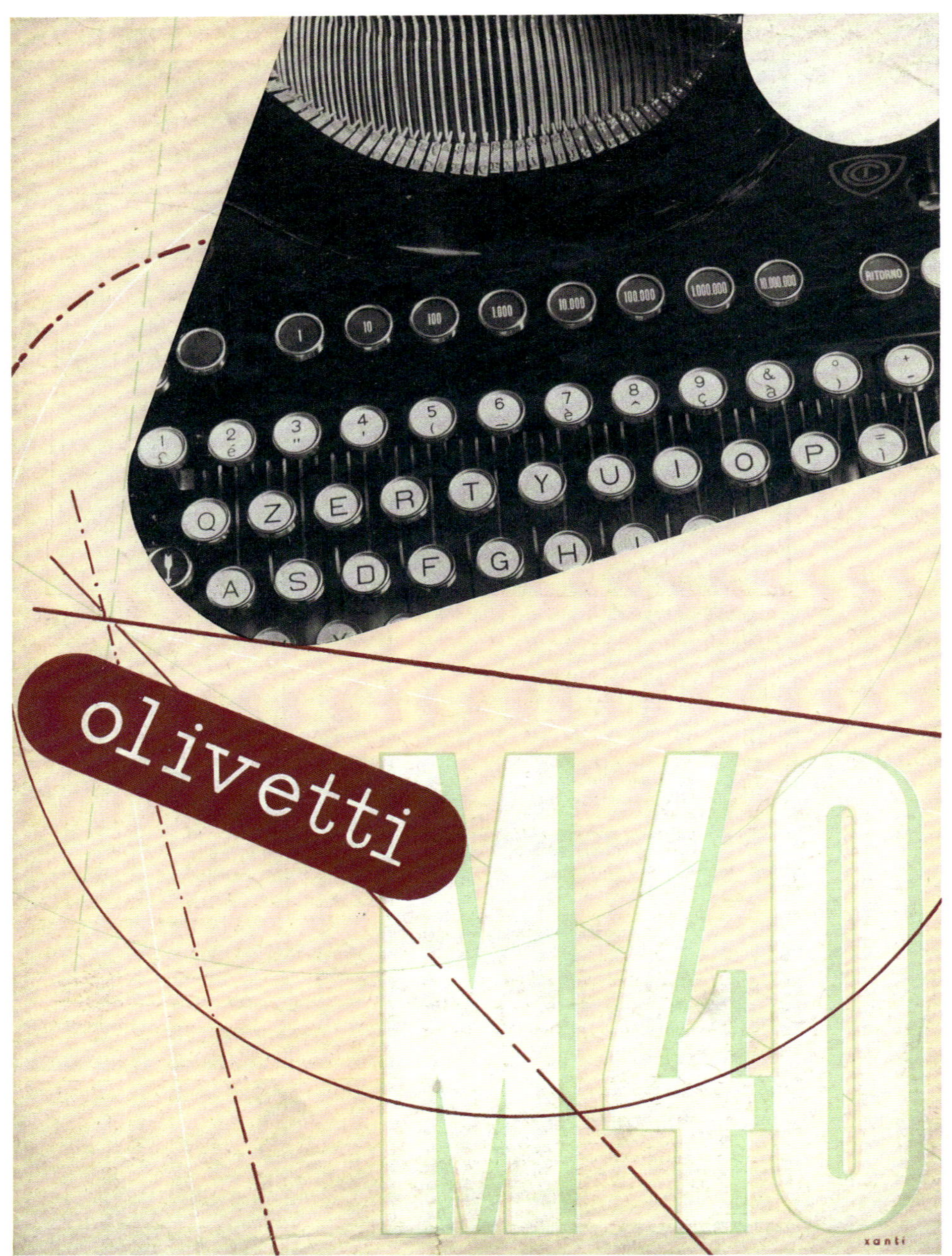

☒ Xanti Schawinsky, 1934
Olivetti
Werbeplakat

GEOMETRIE

Formen mit Symbolgehalt

Die geometrischen Figuren und hieroglyphenartigen Elemente, die im Grafikdesign der 1930er- und 1940er-Jahre auftauchten, wurden bald ein weit verbreitetes Stilmittel, das auch heute noch oft verwendet wird. Konventionell-realistische Illustrationen waren passé, die stilisierten Art-déco-Entwürfe empfand man als zu verspielt und überladen; also wandte man sich universellen grafischen Formen zu – Dreieck, Quadrat, Kreis (die Bauhaus-Trias), unterbrochene Linien und Rauten – um einen subtilen zeitgemäßen Ansatz zu signalisieren.

Bis heute steht das Arbeiten mit geometrischen Mustern symbolisch für den Moment, in dem sich das Grafikdesign von der Strenge der bis dahin üblichen Mittelachsenkomposition (zentriert, links- oder rechtsbündig) befreite. (Paul Rand sagte einmal, nichts sei so unverfälscht wie die Geometrie.) Schrift mit geometrischen Formen zu kombinieren, ist im heutigen Design noch genauso zweckmäßig wie früher. Nichts springt stärker ins Auge als ein Kreis, Quadrat und Dreieck in jeglicher Konfiguration, vielleicht noch aufgepeppt durch eine unterbrochene Linie oder eine Raute. Sehr schön veranschaulichen lässt sich das mit diesem Plakat, das der zum Bauhaus-Kreis um Walter Gropius gehörende Schweizer Maler, Fotograf und Bühnenbildner Alexander (»Xanti«) Schwawinsky (1904–1979) im Jahr 1934 für Olivetti gestaltete. Dabei wählte er eine scheinbar nicht fest umrissene Anordnung, die sich tatsächlich auf ein striktes geometrisches Raster stützt. So greift der Rahmen des wie zufällig platzierten Olivetti-Logos den ungewöhnlich kurvigen Ausschnitt der abgebildeten Schreibmaschinentasten auf. Auf der beigen Grundfläche werden die ebenfalls wie willkürlich platzierten, sich schneidenden Linien zu (die fließenden Elemente der Gestaltung zusammenhaltenden) Fixpunkten, was dem Ganzen einen futuristisch wirkenden Touch gibt: Wären da nicht die alten Tasten der Schreibmaschine, fiele es schwer, die Entstehungszeit dieses Plakates zu datieren (selbst der Name Olivetti erscheint in einer so schlichten und klaren Typewriter-Schrift, als sei sie digital erzeugt). Betrachtet man Schawinskys Entwurf als Ganzes, so ist dieser nicht nur aus verschiedenen geometrischen Mustern zusammengesetzt, sondern ergibt auch von oben nach unten gesehen eine Raute, die sich vielleicht erst dem geistigen Auge des Betrachters erschließt.

WEISSE FLÄCHE(N)

Die Emanzipation der (un)bedruckten Seite

»Entscheidend ist nicht, was Sie mit hineinnehmen, sondern was Sie weglassen«: Diese Aussage gilt für die Nutzung weißer Flächen im Grafikdesign genauso wie in der Malerei oder beim Zeichnen. Im 19. Jahrhundert füllten Schriftsetzer jeden noch so kleinen verfügbaren Platz mit Text und manchmal auch Bildern. Leere Flächen (oder: Negativflächen) waren Verlegern ein Gräuel – sie lehnten es ab, auch nur einen Zentimeter Platz zu verschwenden. Erst als es problematisch wurde, die Werbung vom redaktionellen Inhalt zu unterscheiden, fügte man weiße Flächen als Rahmen und zur Abgrenzung ein. Gegen Ende der 1920er-Jahre fielen alle Beschränkungen, und die unbedruckte Fläche des Papiers wurde zu einem wichtigen Gestaltungselement.

Jan Tschicholds Plakat für eine Ausstellung der Konstruktivisten in der Kunsthalle Basel ist ein elegant-funktionales Beispiel für die kluge Nutzung des Weißraums. Seine Gestaltung unterscheidet sich deutlich von der altdeutschen Tradition des Grafikdesigns, Frakturschrift in massive Textblöcke ohne Freiraum zu zwängen, und ist ein Musterbeispiel für das, was Tschichold »asymmetrische Typografie« nannte – im Unterschied zur symmetrischen oder axialen Typografie, bei der alle Seitenbestandteile an einer unsichtbaren vertikalen, in der Mitte des Satzspiegels positionierten Symmetrieachse ausgerichtet werden. Für den als Sohn eines Schriftenmalers in Leipzig geborenen Jan Tschichold (1902–1974), der sich als gelernter Typograf zu einem Wortführer seiner Zunft entwickelte, führte die »Asymmetrie der Gestaltung … von selbst dazu, dass der weiße Untergrund aktiv an der Form beteiligt ist«.

Bei der asymmetrischen Typografie werden die einzelnen Layoutelemente nicht axial (symmetrisch um eine vertikale Mittelachse) angeordnet, sondern in einem ausgewogenen harmonischen Verhältnis um den (zuvor mit Lineal und Zirkel definierten, auf der Balancelinie liegenden) Balancepunkt platziert. Mit dem hier zu sehenden Plakat lässt sich das Prinzip schön veranschaulichen: Tschichold arrangiert die Schrift – Titel, Teilnehmer, Datum und Veranstaltungsort – auf einem unsichtbaren Rahmen, der die Aufmachung bestimmt, sorgsam darauf achtend, zwischen den typografischen Elementen ausreichend Raum zu lassen. Eine schmale Linie, die als Horizont dient, zerschneidet den Farbspot, der das Wort »Konstruktivisten« schmückt, auf das sich der Blick richten soll, und unterteilt zudem die ganze Seite – das Auge nutzt diese Linie zur Gliederung der Informationen. Der Entwurf konzentriert sich ausschließlich auf die zu vermittelnde Botschaft, lässt alles Überflüssige weg und wirkt gerade durch seine elegante Schlichtheit einprägsam. Deutlich wird dabei zudem, dass bei einem sinnvoll genutzten Weißraum selbst die kleinste Schrift eindringlicher wirkt.

☒ Jan Tschichold, 1937
Konstruktivisten
Ausstellungsposter

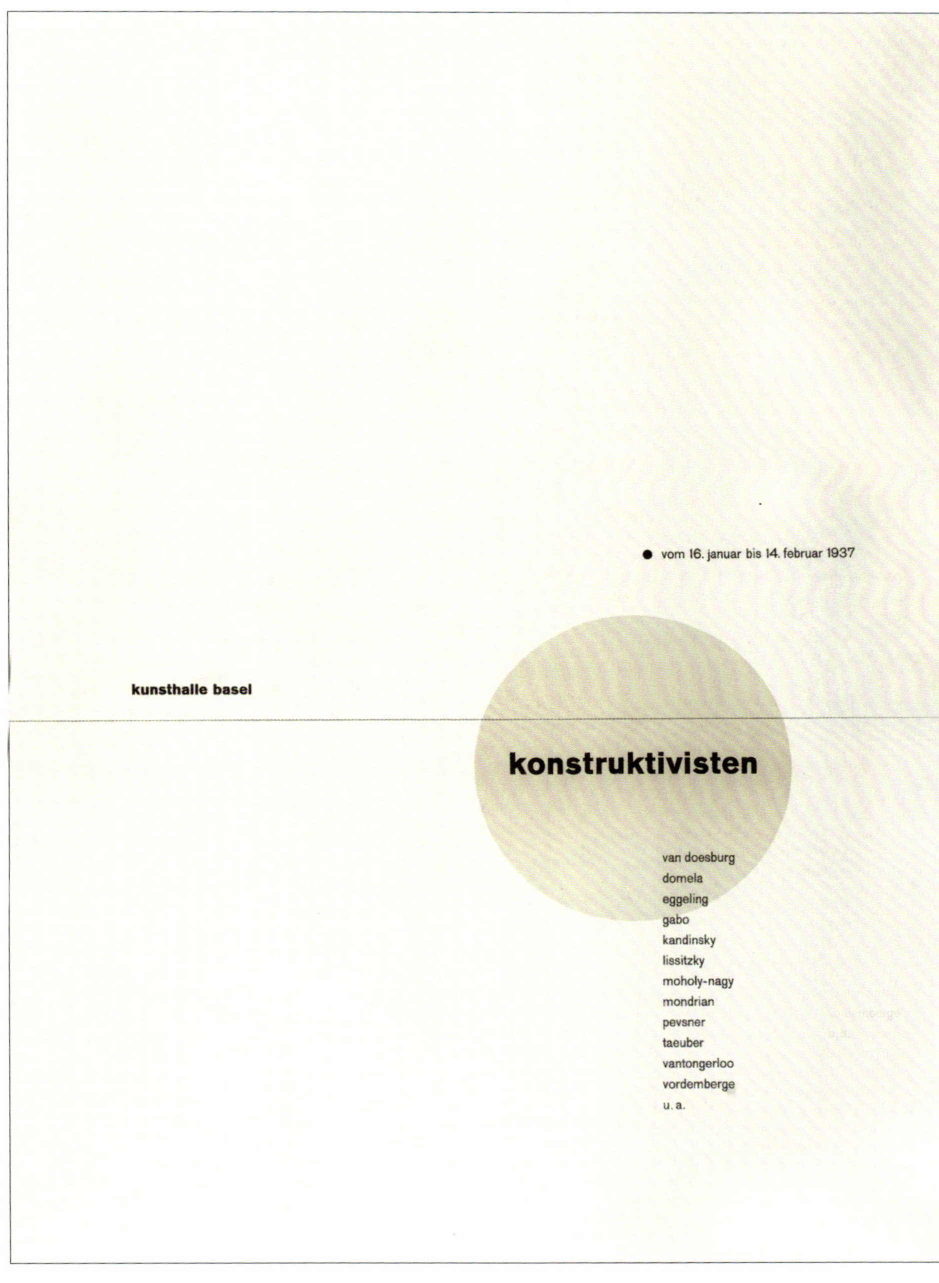
vom 16. januar bis 14. februar 1937
kunsthalle basel
konstruktivisten
van doesburg
domela
eggeling
gabo
kandinsky
lissitzky
moholy-nagy
mondrian
pevsner
taeuber
vantongerloo
vordemberge
u. a.

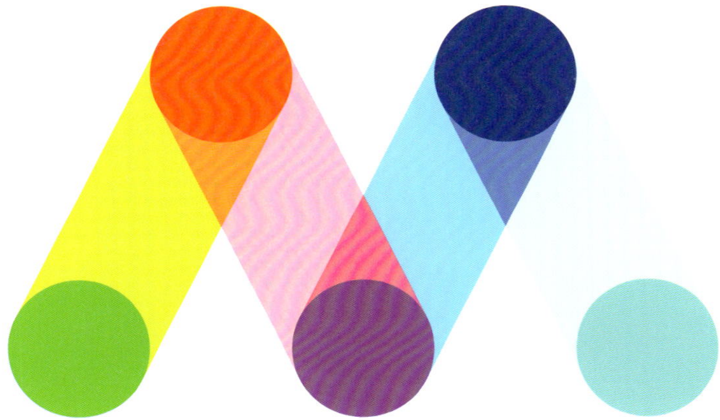

ÜBERLAPPENDE FARBEN

Eins plus eins = viele

Jahrzehntelang nutzten Designer überlappende Farben als optischen Effekt und erkundeten so auch die vielfältigen Farbmöglichkeiten, die sich durch Mischungen des CMYK-Farbmodells ergeben. Letzteres bildet die technische Grundlage für den modernen Vierfarbdruck: Die Abkürzung CMYK steht für die drei Farbbestandteile Cyan (Blau), Magenta (Rot) und Yellow (Gelb) sowie für den Schwarzanteil oder die Farbtiefe (K wie »Key plate«, die schwarz druckende »Schlüsselplatte« im Druck, an der die drei farbigen Druckplatten im Passer ausgerichtet werden). Es hat etwas Beruhigendes, vielleicht sogar Magisches, zu beobachten, wie sich diese Farben verbinden und dabei neue Farbtöne sowie flüssig wirkende Muster zu bilden.

Michael Bieruts 2013 entworfenes Logo für den Feinpapier-Hersteller Mohawk ist ein M, das raffiniert an Papierrollen in Bewegung denken lässt, was durch das moderne Muster mit den überlappenden transparenten Farben noch unterstrichen wird. Der im Jahr 1957 im US-amerikanischen Ohio (Cleveland) geborene Designer ersetzte damit das ursprüngliche Logo des Herstellers, das einen Indianer im Profil zeigte, was den Nachteil hatte, immer dezent einfarbig gedruckt werden zu müssen. Sein neues Logo eignet sich dagegen sowohl für den Einsatz in Printmedien als auch für die Bildschirmdarstellung perfekt. Interessant daran ist, dass die Farben bei jeder Anwendung des Logos verändert werden können, wodurch dieses immer wieder anders aussieht und doch stets eindeutig als solches erkennbar bleibt.

Mit verschiedenen Farbkombinationen spielerisch umgehen zu können, gehört zu den wichtigsten Hilfsmitteln für Designer. Der gezielte Einsatz von Farbe(n) beeinflusst die gesamte »Atmosphäre« eines Entwurfs. Mit überlappenden Farben arbeiten zu können, potenziert die Möglichkeiten noch. Kein Wunder also, dass Bierut über seinen Entwurf sagte: »Das Schwierigste daran war, die vielen verschiedenen fantastischen Farbkombinationen auf eine praktikable Anzahl zu reduzieren.«

⊠ Michael Bierut, 2013
Mohawk-Feinpapier-Logo

MATTE FARBEN

Mit und ohne Glanz

An den beiden Enden des Druckspektrums stehen der Einfarb- beziehungsweise der Vierfarbdruck. Vierfarbdruck ist heute in der Regel so preisgünstig, dass eine Farbe oft nur noch als Sonderfall gedruckt wird, um damit eine besondere Aufmerksamkeit zu erregen. Dabei sollten wir allerdings auch den Zweifarb- und speziell den Einfarbdruck plus Schwarz nicht vergessen: eine ausgezeichnete, ästhetisch oft überraschende Kombination. Der Einsatz einer matten (oder: flachen) Farbe bietet exzellente Kontrastmöglichkeiten, insbesondere, wenn man helle Farbtöne gegen dunkle hervorheben will.

Es gibt ungezählte Möglichkeiten, diese Methode zu nutzen. Eines der eindrucksvollsten Beispiele ist eine Plakatserie, die Siegfried Odermatt im Jahr 1960 für die Neuenburger Versicherung entwickelte. Der Schweizer Designer wollte ursprünglich Fotograf werden und begann zunächst in einigen Fotoateliers und Werbeagenturen zu arbeiten, ehe er – inspiriert von den Arbeiten seines Landsmanns Max Huber (1919–1992) – sein Interesse für das Grafikdesign entdeckte. Bereits im Jahr 1950, im Alter von erst 24 Jahren, eröffnete er sein eigenes Büro und war bald mit seinen unkonventionellen Entwürfen höchst erfolgreich.

Für diese Plakatserie verwendete er jeweils das Fragment eines Schwarz-Weiß-Fotos und kombinierte es mit einem in einer hellen Kontrastfarbe gedruckten Wort. So prallt etwa in unserem Beispiel ein Auto in das entsprechende Wort. In anderen Entwürfen durchschneiden Scherben einer zerbrochenen Windschutzscheibe das Wort »Glas«, liegt die Röntgenaufnahme einer Knochenfraktur über dem Wort »Unfall«. In allen Entwürfen bleiben beinahe zwei Drittel der Bildfläche leer und lenken den Blick damit zwangsläufig auf die im unteren Drittel zu sehende, wesentliche Botschaft der Anzeigenserie. Und die Verwendung der matten Farbe ist bei diesen Plakatentwürfen für die Wahrnehmung des Betrachters entscheidend. In Schwarz oder Grau gedruckt, wären die Wörter zwar immer noch Hingucker, doch die matte Farbe sorgt für eine Intensivierung der Wahrnehmung, ohne allzu aggressiv zu sein. Odermatts Wahl der matten Farben hatte also sowohl ästhetische als auch strategische Gründe. Einer Farbe eine derartige Schlüsselrolle zuzuzweisen, ist nicht nur ein ein wirkungsvolles Gestaltungsmittel – ihr Einsatz macht auch einfach Spaß.

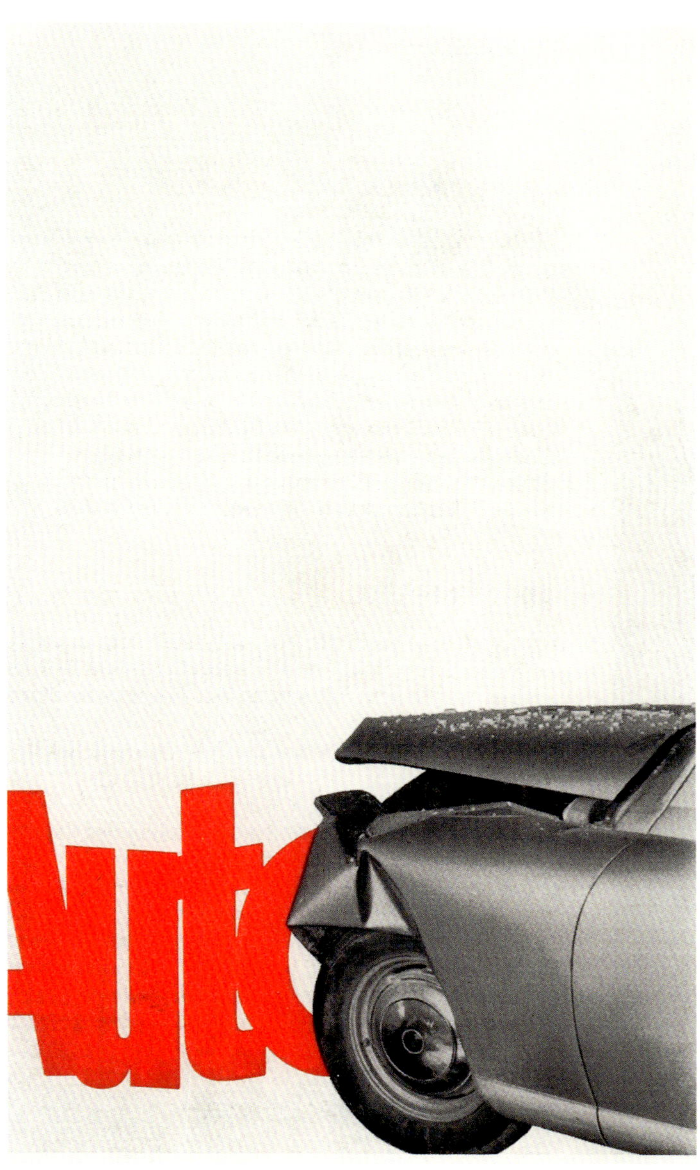

☒ Siegfried Odermatt, 1960
Anzeige für Neuenberger
Versicherungen

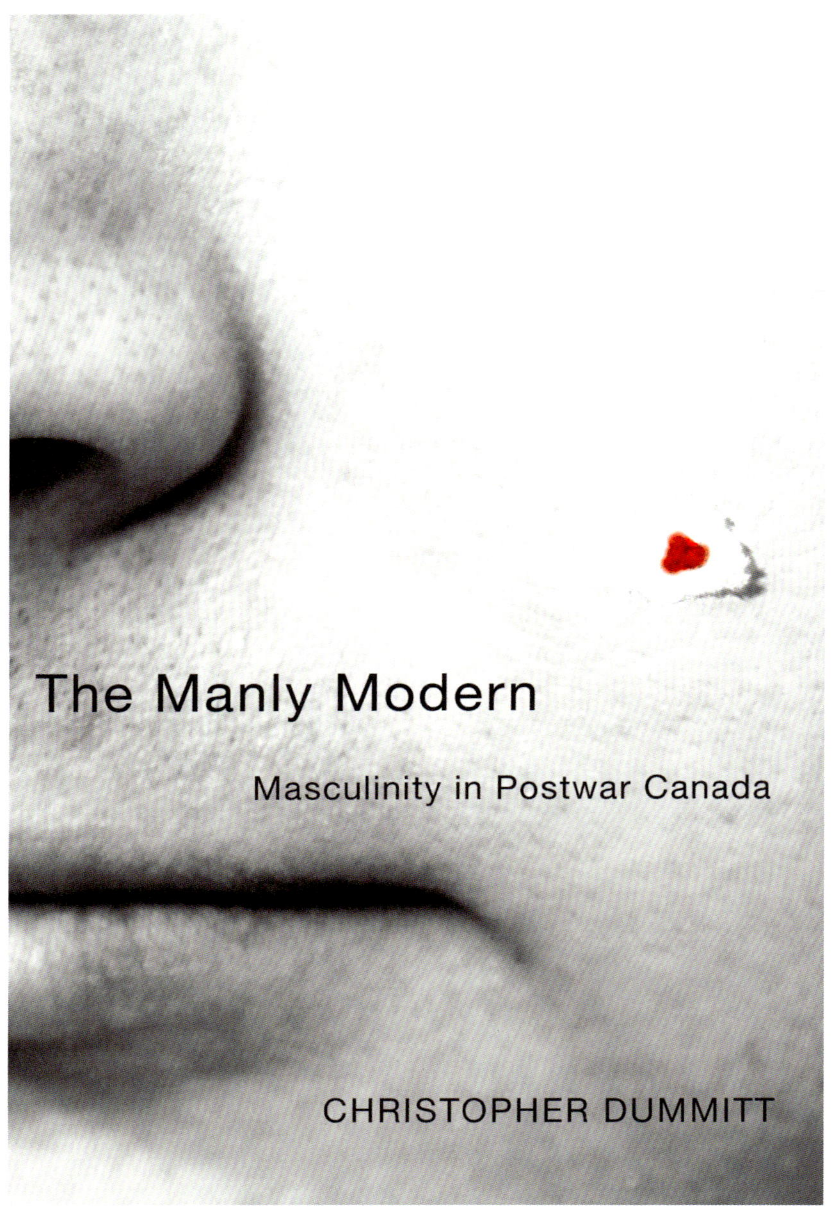

☒ David Drummond, 1999
The Manly Modern
Buchgestaltung

SCHMUCKFARBEN

Ein Klecks lenkt den Blick

Im Offset-Druck setzt man eine »Schmuckfarbe« ein, wenn ein Designer im Interesse einer dynamischeren Wirkung eine besondere Farbe spezifiziert, die außerhalb des beim Vierfarbdruck möglichen Bereichs liegen. Schmuckfarbe ist immer kompakt und intensiv, ein uneingeschränktes Beispiel reinen Pigments. Geschickt genutzt, kann ihr Einsatz sehr effektvoll sein, denn sie lenkt den Blick des Betrachters im Idealfall genau auf die vom Designer gewünschte Stelle. Das ist allerdings schwieriger, als es klingt – der Erfolg hängt sowohl von der gewählten Farbe selbst ab als auch davon, wie und wo diese nun im Detail eingesetzt wird.

In seinem Buch *The Manly Modern* beschäftigt sich Christopher Dummitt mit gendertheoretisch und kulturgeschichtlich wichtigen Fragen rund um den Begriff der »Männlichkeit« im Kanada der Nachkriegsjahre, mit dem »maskulinen Selbstverständnis« kanadischer Männer in der Zeit nach dem Zweiten Weltkrieg. Mit der Covergestaltung beauftragte man den kanadischen Designer David Drummond, der sich für seinen Entwurf von dem Wort »Postwar« im Untertitel inspirieren ließ. Dieses brachte ihn auf den Gedanken, dass die meisten modernen kanadischen Männer am ehesten beim morgendlichen Rasier-Ritual mit Blut in Berührung kommen. Also wählte Drummond die Schwarz-Weiß-Fotografie eines männlichen Gesichts, in die er als einzigen Farbklecks das Blut auf einem Taschentuchfetzen integrierte. Dieser Fetzen wirkt fast wie ein Tapferkeitsorden: Ist es nicht erstaunlich, wie unweigerlich unser Blick von diesem kleinen Klecks angezogen wird?

Unterstützt wird dieser Effekt noch durch die Wahl einer unaufdringlichen Typografie – alles, was geeignet wäre, von dem kleinen Blutfleck abzulenken, der durch das Taschentuch sickert, wird vermieden. Genau dieser Fleck ist aber auch in einem metaphorischen Sinn ein Leitthema des Buches.

Es steht außer Frage, dass Drummond mit einem Farbfoto nicht, den gleichen Aufmerksamkeitswert erzielt hätte. Sein Beispiel verdeutlicht zugleich, dass es für einen Designer nicht nur wichtig ist, zu entscheiden, was er zeigen will, sondern genauso, was er bei seinem Entwurf weglassen will. Hier konkret: alles, das den Blick von der eingesetzten Schmuckfarbe ablenken könnte.

SCHWARZ-WEISS

Bringen Sie Dynamik in die Monotonie

Im frühen 20. Jahrhundert waren die meisten Designarbeiten schwarz-weiß, farbige Arbeiten begegneten einem nur selten. Heute ist es umgekehrt. Da scheint es sich anzubieten, all die »Millionen Farben« zu nutzen, die auf einem Computer frei verfügbar sind. Allerdings ist es, wie wir am Beispiel von Josef Albers gesehen haben, immer noch eine Kunst, Farbe richtig einzusetzen. Zudem ist Farbe auch keine Patentlösung für Designprobleme aller Art. Manchmal empfiehlt es sich, bewusst auf den Einsatz von Farbe als Hilfsmittel zu verzichten – um zu lernen, wie man auch schwarz-weiße Entwürfe dynamisch (»bewegt« und bewegend zugleich) gestalten kann.

Der im Jahr 1920 geborene Schweizer Armin Hofmann war als freier Grafiker sowie als langjähriger Dozent – insbesondere an der Allgemeinen Gewerbeschule Basel (AGS, der späteren Schule für Gestaltung) und der Yale University – wegweisend für eine ganze Generation junger Grafiker. Sein hier abgebildetes Plakat für das Ballett *Giselle* sieht nicht nur heute noch so frisch aus wie in seinem Entstehungsjahr 1959 – es verdeutlicht auch, welche Ausdruckskraft eine gute Schwarz-Weiß-Komposition haben kann. Hier bildet die Unschärfe der sich drehenden Tänzerin einen Kontrapunkt zur skulpturenartig angeordneten Schriftsäule. Aufgebrochen (und rhythmisiert) wird der skulpturenartige Eindruck durch den Einsatz von Groß- und Kleinbuchstaben des in der Helvetica gesetzten Balletttitels »Giselle«. Diese Gestaltung zieht den Betrachter förmlich in das Geschehen hinein und erlaubt der Ballerina eine gewisse Bewegungsfreiheit. Hätte Hofmann alles in Versalien gesetzt, würden die Buchstaben wie eine Mauer wirken, und der rhythmische Effekt des Designs wäre geringer.

Zwar hätte dieses Plakat sicher auch in einer farbigen Version gut gewirkt, doch in der schwarz-weißen Darstellung konzentriert sich der Betrachter auf die Bewegung der Tänzerin – mit der sein Auge geradezu zwingend auf alle relevanten Informationen (Was? Wo? Wie?) gelenkt wird.

⊠ Armin Hofmann, 1959
Giselle
Poster

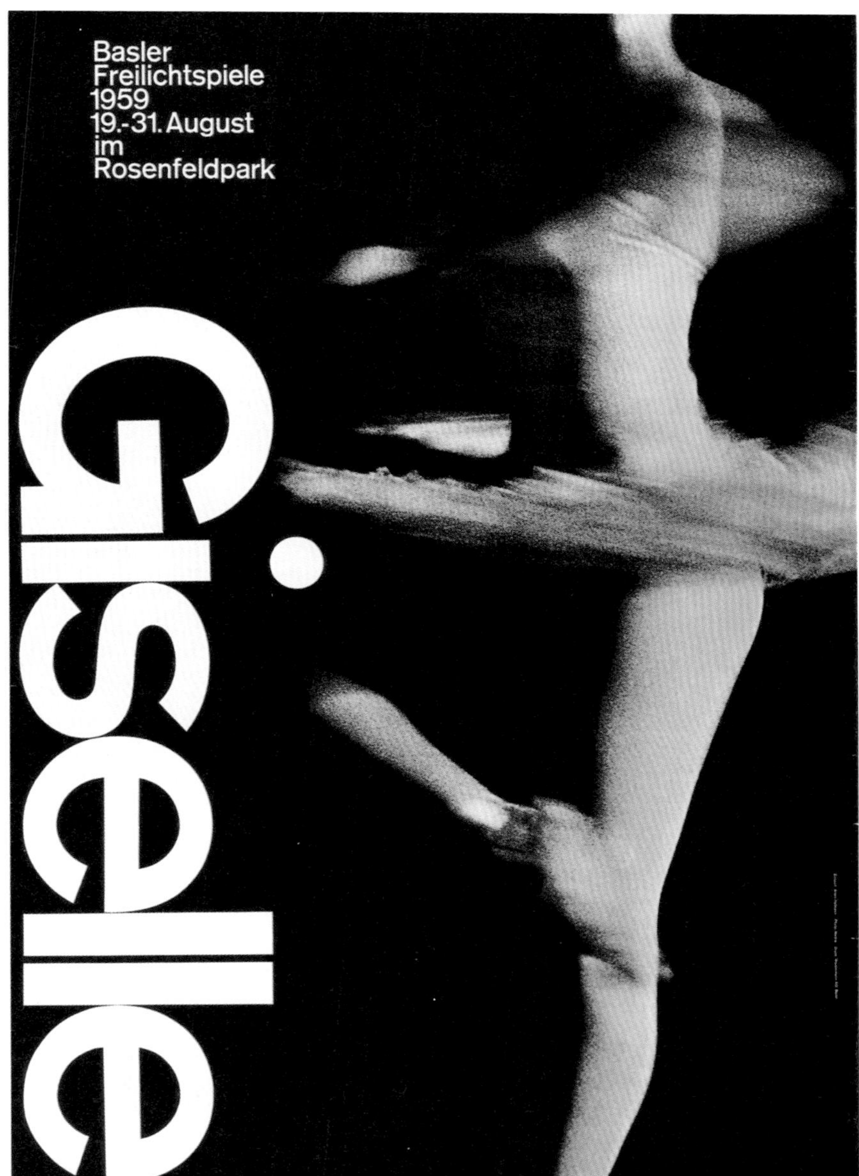
Basler
Freilichtspiele
1959
19.-31. August
im
Rosenfeldpark
Giselle

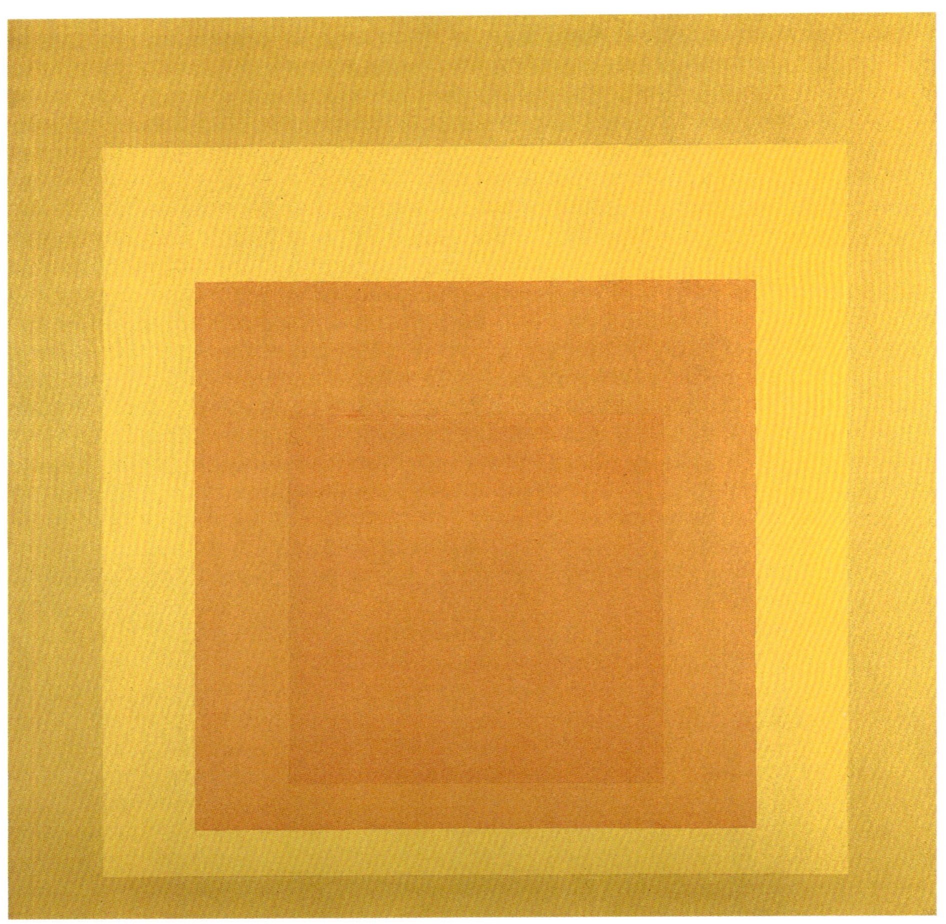

⊠ Josef Albers, 1967
Homage to the Square
– Within a Thin Interval

FARBEN UND FORMEN
Die Magie der Pigmente

Josef Albers (1888–1976), ein in Bottrop geborener, 1933 in die USA emigrierter Maler, Bildhauer und am Bauhaus in Weimar und Dessau sowie an der Yale University in New Haven (Connecticut) unterrichtender Kunsttheoretiker, ist u.a. berühmt für seine Experimente mit Farben und geometrischen Formen. In seinem Buch »Interaction of Color. Grundlegung einer Didaktik des Sehens« (1963, 2014 von Yale auch als App veröffentlicht) entwickelte er eine Farbtheorie, in die er auch Erkenntnisse einfließen ließ, die er in seinem eigenen Schaffen als abstrakter Künstler sowie in der interdisziplinären Beschäftigung mit den verschiedensten Wissenschaftsbereichen gewonnen hatte.

Albers ging von dem Grundgedanken aus, dass es praktisch unmöglich sei, eine Farbe ganz für sich allein zu betrachten. Stattdessen sehen wir sie immer im Zusammenspiel mit ihrer Umgebung. Das hat zur Folge, dass ein und dieselbe Farbe unterschiedlichste Reaktionen beim Betrachter hervorrufen kann – je nachdem, wie sie im Verhältnis zu ihrer Umgebung empfunden wird. Wegen der subjektiven Natur unserer Wahrnehmung sprach Albers sich gegen das starre Regelwerk einer »Farbenlehre« aus und plädierte stattdessen dafür, bestimmte Farbeffekte durch Ausprobieren zu erzeugen. Er selbst experimentierte nicht nur mit der Wirkung von Farben, Formen, Linien und Flächen zueinander, sondern auch mit optischen Täuschungen, wie sie beispielsweise in der Magie verwendet werden. In seiner berühmten Serie »Homage to the Square« schuf er über einen Zeitraum von mehr als 25 Jahren (1949–1976) Hunderte von Gemälden und Drucken, bei denen sich jeweils drei oder vier unterschiedlich große quadratische homogene Farbfeldern überlagern. Mit ihnen untersuchte er die visuellen Empfindungen, die durch die Nebeneinanderstellung harmonierender oder disparater Farben in unterschiedlichen Arrangements und Größen entstehen. Dabei ergeben sich überraschende Eindrücke. So kann das erste Quadrat innen in einem dunkleren Orange gehalten sein und doch weniger intensiv erscheinen als das zweite hellere Quadrat, von dem es umgeben wird, während das hellere Orange des dritten Quadrats alle Farbtöne dominiert. Farbton und Farbintensität werden, je nach dem Verhältnis der Quadrate zueinander, unterschiedlich wahrgenommen. Das zeigt: Um Wirkung zu erzielen, reicht es nicht, einfach irgendwelche Pantone-Nummern herauszusuchen. Farbe ist zugleich der Verbündete und der Feind des Designers. Deshalb ist es noch heute hilfreich, Albers experimentelles Werk zu betrachten, um zu verstehen, dass Farbe eine Kraft hat, die ein Designer zügeln muss, auch wenn er gleichzeitig ihre ungezügelte Natur wertschätzen sollte.